JN038766

鹿島茂
kashima
shigeru
Les
Librairies
de
Paris
パリの本屋さん
中央公論新社

Les Librairies de Paris

口絵①　リブレリ・ド・ラヴニュの猫コレット

口絵②（上）ジュソーム書店
口絵③（下）レオン・レルミット「レ・アール」

口絵④　ジョスト・R・サンソン「サンソン山の中のエッフェル塔」

口絵⑤　ニコラ・ラグネ「パリのノートルダム橋とシャンジュ橋の間で行われた船乗りたちの水上槍試合」
口絵⑥　ユベール・ロベール「1786年、ノートルダム橋の家の解体」

目次——パリの本屋さん

Ⅲ　パリの本屋さん

凡例

一、本書は、著者が一九九八年以降、様々な媒体で書いてきたパリの街についてのエッセイ（講演録も含む）を精選、集成したものである。
一、出典は、各項目の末尾に記した。
一、算用数字は、適宜漢数字に改めた。
一、その他、表記や約物は、適宜整理・統一を行った。
一、本書に新たに付した注は、［　］に入れて記した。

装幀　秦浩司
写真　鹿島直（NOEMA Inc.JAPAN）

パリの本屋さん

序

旅の始まり

ああ、パリに着いたんだ！

「定年退職したら、好きなときに好きなようにパリに滞在できる」

私はこの希望だけにすがって四十二年の教員生活に耐えてきたといっても決して言いすぎではないと思う。もちろん、大学教員だから一、二週間なら春、夏、冬の休暇にはパリに滞在することはできた。しかし、パリの一番良い季節である四月から六月にかけての時期には授業を休講にして旅することは許されない。だから、年季奉公明けの二〇二〇年四月にはパリの定宿に一カ月ほどの予約を入れて、指折り数えるように出発の日を待っていたのだ。

ところが、なんたることか！　コロナ禍があっというまに全世界を覆い、三月には航空会社から予約取り消しの通知が届いた。パリ市そのものが都市封鎖されてしまったのである。

あれからすでに一年半近くが経過している。コロナ・ウィルスは今後も変異を繰り返し、そのたびに全世界はロック・ダウンを強いられるだろう。いまやパリは想像力によって現前化を試みるしかない幻想の都市になってしまったのである。

となると、残された道は楽しかったときを思いだし、回想に浸ることだけだが、では、思い出の中から立ち現れてくる「パリの最も幸せな瞬間」とは何なのだろう？

それは、意外かもしれないが、シャルル・ド・ゴール空港からパリ行きのタクシーに乗り込んで行き先を告げ、クッションに深く身を沈めて高速道路の向こうに広がるロワシーの殺風景な景色に目をやる瞬間である。「ああ、パリに着いたんだ」という思いがこころの底から込みあげてくると、そのとたん、とてつもなく大きな幸福感に全身が満たされるのだ。こればっかりはどんな言葉をもってしても譬えようがない。

そして、その多幸感は、それ以前にパリに着いてタクシーに乗ったときに感じた多くの幸福感とあっというまに接続され、ひと繋がりの幸福感となって時空間を超えるのだ。

いまとなっては、こうした至福の瞬間はとうぶんは味わえないだろう。そう思うと、「あれはいったい何だったのだろう」と分析的な探求心が湧いてくるのである。

まず、はっきりいえるのは「なんて自由なんだ！」という「絶対的な自由」の感覚が幸福感の原因だということである。とはいえ、「何からの自由？」と問われると答えに窮する。仕事からの自由、人間関係からの自由、習慣からの自由、日本という国そのものからの自由、どれも当たってはいるが、あの絶対的自由を完全に説明しつくしているとは言い難い。

そこを敢えて言葉にしてみれば、「無意識の縛りからの自由」と表現できるのではないか。そう、わたしたちは、子供のころから、自分以外の他者によって嵌められた見えざる心の「たが」によって何重にも自由を拘束されている。それらの「たが」は無意識の中に沈んでいて、普段はまったく意識することもない。ところが、パリに着くとそのとたん、無数の「たが」が次々に外れて自分そのものを取り戻すことができたと感じるのである。

たとえば、空港からタクシーに乗り込んだときに最初に運転手が発する最初の言葉だ。《Quelle rue?（通りは？）》、私はこれを耳にするたびに「そうか、住居表示もまた無意識の拘束の一つだったのか」と考えるのだ。というのもフランスの（というよりも欧米の）住居表示は、まず最初に住んでいる人の名前が来て、次に通りの番地、通りの名前、区、都市名、国名の順となる。図式化すれば「個人↓極小共同体（通り）↓小さな共同体（区）↓大きな共同体（都市）↓国家という共同体」となる。

たとえば、シャルル・ボードレールという人がいたら、

Charles Baudelaire, 13 rue Hautefeuille, 75006 Paris, France と表示される。

いっぽう、もし右の住所を日本式に表示するとなると次のようになるはずだ。

フランス、パリ市、第6区、オートフーユ通り、13番地、シャルル・ボードレール

つまり、日本では欧米とまったく逆になっており、さながらグーグル・マップを次々に拡大していくように「（国家という共同体）↓大きな共同体（都市）↓小さな共同体（区や丁目、番地というブロック）↓極小共同体（個人邸ないしはマンション・アパート）↓個人」の順なのだ。いいかえれば、大・中・小の共同体が最初に来て、個人は最後に来るというのが日本式なのである。そう、私たち日本人の無意識を縛る無数の「たが」とは、共同体まずありきで個人は最後という「構造」そのものだと言っていいのだ。十二単衣を外側か

ら一枚一枚脱いでいかなければ「裸の自分」には到達できないのと同じように、住居表示ひとつをとっても共同体先行なのである。

もちろん、こうした住居表示はパリやフランスに限ったことではなく、欧米のスタンダードト、いやおそらく国際スタンダードなのだろう。だから、私がパリで感じる「絶対的な自由」は、住居表示にあらわれるようなこうした「構造」とは別の次元の無意識もからんでいる可能性も十分にある。いや、そうにちがいない。

だが、それでもなお、私はシャルル・ド・ゴール空港でタクシーに乗り込み、《Quelle rue?》と尋ねられた瞬間から次第に大きくなっていく幸福感というものは、やはり「国家や共同体抜きで、いきなり個人」というパリの「絶対的自由」の気風と深く関係しているとしか思えないのである。

あの形容不可能な幸福感をタクシーの中で味わえる日が果たしてまたくるのだろうか？コロナ禍によって、なんだか、パリへの思いがいよいよ深くなったように感じる今日この頃である。

［後記。コロナ禍からほぼ三年経過した二〇二二年十二月にパリ再訪を果たした。その後二〇二三年五月にも渇（かつ）をいやすべく、またパリに出かけたが、その後は急激な円安の進行で、二の足を踏んでいる］

「LES DEUX MAGOTS PARIS Littéraire（ドゥ マゴ パリ リテレール）No.28」
（Bunkamura、2021年7月）

発見都市、パリ

パリは人を「発見家 decouvreur」にする。

発見家？　発明家という言葉はあっても発見家という言葉は存在しないのではないか？第一、そんな職業は存在しない。むしろ、第一発見者などという場合のように発見者というべきではないか？

いや、違う。職業も言葉もなくとも、発見家という存在はたしかに存在するのである。とりわけパリにおいては。発見者は一回しか発見しないが、発見家は恒常的に発見に務める。そして、それによって少しずつ世界を変えてゆくのである。

では、パリにやってくると、人は何を発見するのだろうか？

まず、「過去」を発見する。パリほど過去に溢れている都市はない。街を一歩進むごとに過去が見つかる。街の中だけではない。モードにおいても、またしかりである。パリほどに古着が堂々として売られ、また着られている都市はない。パリのカフェに座る楽しみは、通りを歩く人々がてんでに古着を「着こなす」即興的ファッション・ショーを見ることだが、これは人々が示す「過去」発見の情熱の現れである。

では、なにゆえに人はパリに来ると「過去」を発見したがるのだろうか？

それはもっとも古めかしい過去の中にもっとも新しいものを見るからだ。ナポレオンの皇后だったジョゼフィーヌのデザイナーは「この世でもっとも新しいもの、それは、とことん時代遅れになったものの中にしかない」と喝破したというが、たしかに、パリでは、「とことん時代遅れになったもの」がいたるところに転がっているので、「この世でもっとも新しいもの」が容易に見つかるのである。

だから、パリにはありとあらゆるジャンルにおいて、「とことん時代遅れになったもの」を売る商売が成立している。そして、それはモノだけではない。

たとえば映画だ。パリほど古い映画を見ることのできる都市はない。アンリ・ラングロワが古い映画フィルムの収集につとめ、シネマテーク・フランセーズを創立してくれたおかげである。

しかも、古い映画の中には風俗もファッションも食事もなにもかも、その時代のすべてが詰まっているから、観客は「とことん時代遅れになったもの」を映画のいたるところに発見し、ただちにそこから「この世でもっとも新しいもの」を創り出すことができるのだ。

だが、古い映画の中に人が発見するものは、じつをいうと、モノではない。むしろ、モノというかたちをとって凝固した観念であるといったほうがいい。

その時代を生きた人間にしか理解できず、時代が更新されてしまうともはや理解不能になった観念、あるいは逆に、その時代にはまったく理解を超えていたが、時代が進むにつれて次第に理解されるようになった観念。いずれにしろ、過去のモノは過去の観念と表裏一体の関係にある。だから、過去のモノを発見するとは過去の観念を発見することなのだ。

フランス人は、その発見した観念を、形容詞の名詞化というかたちで表すことを好む。たとえば、精神分析学者のジャック・ラカンは発見した無意識の三つの領域を形容詞に定冠詞をつけて「ル・レエル（現実的なもの）」「リマジネール（映像的なもの）」「ル・サンボリック（象徴的なもの）」と名付けたが、これも、表現しえない観念を言葉にしようとする努力のたまものなのだろう。だから、フランス人は、ファッションと同じように、「とことん時代遅れになった」形容詞の中から「この世でもっとも新しい」形容詞を探すことが好きなのだ。形容詞こそはファッションなのである。

ではいったい、なにゆえに、過去を発見し、モノを発見し、観念を発見し、形容詞を発見しようと努力するのか？

それは結局、自分を発見したいがためなのである。自分とは何か？　この究極の問いに答えを出すために、「とことん時代遅れになったもの」を探し、その中に自分にフィットした部分を発見して、「この世でもっとも新しいもの」として再創造するのである。

この意味で、パリは自分を発見するのにもっともふさわしい都市といえる。ヘミングウェイが、リルケが、ヘンリー・ミラーが、オーウェルが、ピカソが、シャガールが、藤田嗣治が、それぞれパリで暮らすことで発見したのは自分自身だったのだ。彼らはパリに来て、恒常的な「過去発見家」となることで、ついに自分自身を発見したのである。

発見都市パリ。表現者がパリに来たがる所以がここにある。

『婦人画報』10月号（ハースト婦人画報社、２０１３年９月）

I

パリ大改造と一九〇〇年のパリ

パリはこうして世界に誇る観光地になった

ご紹介いただきました鹿島です。本日は、フランスのパリが「訪れてみたい観光都市ナンバーワン」となったその理由は何かというテーマでお話ししたいと思います。

パリはいかにして今日のようなパリになったのか？　問題をこのように設定した場合、その答えは意外に簡単に出ます。一八五二年から一八六七年の十五年間にパリは今日のパリになったのだということです。一八五二年は、ナポレオン一世の甥であるルイ・ナポレオン・ボナパルトという人物がクーデターを経て大統領から皇帝ナポレオン三世になった年で、第二帝政開始の年ということになります。そして一八六七年は、史上空前といわれた第二回パリ万国博覧会が開催された年です。つまり、ナポレオン三世は、自国の産業がイギリスに追いついたことを示して国威を発揚するために万国博覧会を開いたのですが、開催時にパリ改造が完成しているように工事を急がせたので、世界中から観光客がやってきたときには、今日あるような壮麗なパリが眼前に広がっていたというわけです。

ちょうどこのとき、日本から第十五代将軍・徳川慶喜の名代として弟の昭武がナポレオン三世を表敬訪問し、万国博覧会を見学して歩きました。その時に随行したのが一橋藩家臣から幕臣になった渋沢栄一で、渋沢は観察した素晴らしい大都市、すべてが計画に基づいて壮麗につくられている都パリ、そのイメージを日本に持ち帰ります。そして明治政府に仕えるようになってから、パリとフランスをモデルにして国造り、町造りを推し進めていきます。もちろん、渋沢本人がやったということではなく、さまざまな人が彼のアイデアを借りながら日本と東京をつくっていくわけです。

では、渋沢栄一が一八六七年に日本人としてほぼ最初に見たパリは、たった十五年の間に、どのような経路で大変貌を遂げて近代的な都市に生まれ変わったのか、その点にテーマを絞ってお話ししていきたいと思います。

一八五二年までは最悪だったパリの生活環境

パリという都が歴史に誕生したのは西暦一年ぐらいと考えていいと思います。というのはカエサル（ジュリアス・シーザー）が今のフランスであるガリアを征服し、『ガリア戦記』を書いたのがちょうど紀元前五一年とか、そんな時代ですから、ローマ帝国領土となったガリアの中心地としてパリが登場するのが西暦の開始と同じくらいということになります。カエサルのガリア征服の前に定住していたのはケルト人の一部です。ケルト人はフランス、スペイン、イギリス、それから今のアイルランドに住んでいました。それがカエサルに征服されてローマ化されます。ケルト人は大変勇猛な民族でしたが、文字もなく、確たる文化を持っていなかったため、ローマ文化の影響をもろに被って、そこからガロ・ロマンと呼ばれる文化が築かれたのです。

パリもローマ人の築いた都市の一つとして、広場、公衆浴場、闘技場をもつ石造りの都市として発展しますが、約四百五十年後の五世紀中頃、ゲルマン民族がローマ帝国領内に侵入し、その一支族のフランク族の王様のクローヴィスが四八六年にガリアの支配者となります。今日フランスと呼ばれている国はもとは「フランク族の土地」という意味なのです。王様の系統はフランク族ですからゲルマン民族ですが、その数は少なく、下にいたガロ・ロマンの人たちの方が文化的には優位でしたので、混血が進むと、フランク王国は言語的、民族的にはラテン系となります。

ついで、紀元八四〇年頃から、ノルマン人（ヴァイキング）がフランスに侵入して、九一一年に、フランク王シャルル二世との間にサン・クレール・シュール・エプト条約を結び、セーヌの一番下流を自分たちの土地として認めさせます。これがノルマンディーです。ノルマンディーとは「ノルマンの土地」、北方の人々の土地ということです。

このようにフランスの民族的な構成としては、最初にケルト人があり、それにローマ人が加わり、王族としてフランク系（ゲルマン系）が上に乗り、さらにそこにノルマン人が割り込んだという四層構造になっているわけで、この多層構造がフランス文化の特徴をなして、さまざまな面でこのどれかが出てくることになります。

たとえば私たちはパリに行ったらまずノートルダム大聖堂を見学しますね。このノートルダム大聖堂（カテドラル）というのは、基層にあるガロ・ロマン系の文化が生んだロマネスク様式の教会とは異質なのです。カテドラルはゴチック様式の代表的な建築物とされているし、ゴチックとはゲルマン民族の一部のゴート族のことを意味しているのだから、ゲルマン民族風の様式かというと、それも違う。最近の研究では、これはノルマン人の征服の後に急に興った様式だから、尖塔が空高くそびえるあの様式はノルマン人の持っていた優れた建築知識がもとになったのではないかといわれています。

と、このように、フランスは四層構造となって国民が融合していることがわかったかと思いますが、ここで話を元に戻して、一八五二年以前のパリは世界に誇るべき花の都ではなかったのはなぜかという疑問に立ち返ることにしましょう。

最も本質的な問題は、八四〇年前後にノルマン人の侵入を受けた時以来、パリの都市構造が、真ん中にあるシテ島を塀で囲んで城塞化したことの影響を受けている点です。シテ島に全員が立てこもり、ノルマン人の侵略を防いだわけです。そして、ノルマン人の侵略が終わった後も、さまざまな侵略を受けて、たとえば「英仏百年戦争」とか宗教戦争とか、戦争が繰り返されるたびにパリが包囲されたので、歴代の王もパリの城塞化を続けました。つまり、パリはノルマン人の侵入以来ずっと城塞都市で、周囲を壁で囲まれていたわけです。

もっとも、食料生産が高まると、それ以上にマルサスの法則で人口が増えてきますから、城塞の内側だけでは土地が足りないので、住民は城塞の外側へも住むようになります。今で言うスプロール化現象とか、そういうのに近い現象が起き、城塞の外側にも人がかなり無秩序に住むようになります。そうなると、行政の網がかけられないので、これではまずいということでパリ市の外縁を広げて城壁を築いていったわけです。だから人口増加に伴ってパリは徐々に徐々に外側へと広まっていったのです。

今日、パリに限らずヨーロッパの都市を車で走るとよく分かるのですけれども、ブールヴァールという環状大通りが走っています。ブールヴァールというのは、元々は城壁だったところの跡にできた環状道なのです。ドイツ語ではこれはリンクスと言います。そういうようにヨーロッパの都市は同心円状にどんどん外側へ広がっていき、当然、無秩序と秩序の追いかけっこになるわけです。ところで、そうやっていくと一番無秩序が残るのはどこかというと、じつは都市の中心部なのです。なぜなら、都市の中心部というのは一番古くから家がある場所です。民衆が家を建てて、非常にギュウギュウ積めの状態で住んでいる。ですからパリに限らずロンドンも同じですけれども、人口の最密集地は都市のど真ん中にありました。その密集の有り様たるや、ものすごいものでした。

そして、その密集をさらに悪化させていた大きな要因がもう一つあります。それはパリには上下水道がなかったことです。ローマ人は都市をつくる時、まず最初に上下水道をつくりました。パリも本来ならばローマ人がつくった都市ですから、上下水道は完備されていたはずだったのですけれども、途中からゲルマン人の都となり、下水処理を自然発生的な要因（つまり川やドブ）に任せたために、上下水道がほとんど整備されないまま十九世紀に至ってしまったのです。上下水道がない都市生活を考えてみてください。飲み水は水売りが売りに来るのを買わなければなりません。これは明治時代まで日本でも同じですが、日本の水はとても安全なきれいな水でした。それに対してフランスの水は水売りがセーヌ川のちょっと上流のほうで汲んできた水です。悪い水売りになると下流から汲んできちゃう。そういうことを平気でやる水売りがいたわけです。そうすると、コレラを始めとする疫病が流行ると、大変な猛威を振るうことになります。

もちろん下水道も存在しませんから、これはかなりのアナーキーでした。驚くべきことに中世では糞尿や生ゴミは窓から歩道に捨てていたのです。いろいろな記録が残っています。一番有名なのは、フィリップ二世、フィリップ・オーギュストという一二〇〇年を挟んで在位したカペー王朝のとても優れた王様がいましたが、その王様が街を歩いているとき、上から糞尿をかけられてしまった。これは大変だというので下水道の整備が始まったという話があるくらいです。しかし、いったん上に都市が築かれてしまったところに下水道を建設するのは容易なことではありません。では、中世のパリで誰が糞尿を処理していたかというと、大体ブタがやっていたのですね。パリの真ん中ではブタがブーブー鳴きながら糞尿を餌にして野放し状態になっていたという、ひどい有り様だったわけです。

では、それがなぜ平気だったかと申しますと、人口がそれほど極端に増えなかったからです。

一般に、食糧生産が二倍に増えれば、人口は四倍とはいわなくとも三倍になるという法則があります。ですから戦争がない平和な時代が続いて、天候も良く農作物がたくさん収穫されると、人口は増えます。そして余剰人口を農村部で支えきれなくなって都市部に流入します。しかし、密集しすぎると疫病が発生し、淘汰されてしまう。そういうことが繰り返されていたので長い間、都市の人口は思ったほどには増えませんでした。

それが十九世紀に入り、たとえばジェンナーの種痘とか、あるいは細菌学とか、衛生学とか、そういうものが普及してきて衛生観念が高まるにつれて、人はそう簡単には死ななくなり、生まれる人間の数は増えていく。

その結果、人口爆発の問題が十九世紀になって初めて登場します。ですから都市問題というのはほぼ十九世紀の問題であると言っても過言ではありません。

今日、パリは「花の都」と言われますが、十八世紀後半から十九世紀前半にパリを訪れた人の回想録や日記を読むと、たいてい判で押したように次のようなことが書かれています。馬車に乗って城門をくぐって、いよいよパリだと胸躍らせていると、そこで見たのは自分たちが住んでいる都市よりもはるかに不潔で、貧しい人々がたくさんあちこちで物乞いをしている光景である。パリほど物乞いの多い町はない。なんとひどいところに来ちゃったのだろうという感想です。もちろん中心部は壮麗ですけれども、周辺部には都市問題が集約されていたのがパリだったわけです。

もう一つ、王宮の問題があります。カペー王朝の成立以来、王宮はパリに置かれていたのですが、ルイ十四世が一六六一年から親政を開始して自ら政治を行うようになると、どうもパリでは思うような町造りができないと言い出して、宮殿をヴェルサイユに造営して都そのものを移してしまったのです。ですから、厳密に言うとパリは一貫してフランス王国の都だったわけではなく、ヴェルサイユにルイ十四世が移った一六八二年から大革命までのほぼ百年間はフランスの首都はヴェルサイユというのが正しい答えです。そしてその百年の間、パリはある意味、放置されてしまい、ルーヴル宮殿などは大いに荒れてしまいました。

大革命で首都がパリに戻っても一度荒廃したものはもとには戻らない。ナポレオンはパリを美化しようとしましたが戦争に忙しくてその暇がないままに終わりました。

ナポレオン三世の悲願「ローマを超える世界一の都に」

では、王政復古で平和が戻ったら、パリを一気に改造すればいいではないかという考え方があるわけですけれども、これがそう簡単にはいかないのです。なぜかといいますと、フランスは大革命以後、ナポレオン帝政の時代を除くと、王政復古以後、議会制民主主義の国になりました。当時は制限選挙ですけれども、議会の多数派が内閣を一応は組織します。しかしながら、何か問題があったとしても議会ですからいろいろな意見があって、簡単には合意に至りません。都市問題が山積みになっている。抜本的な改造をしなければいけない。それは分かっている。しかし、民主主義がそれを妨げていたという矛盾があるわけです。民主主義の社会である限り、パリを大改造しようという人がいれば、反対する人も必ずいます。その最たる理由は、そんなことやったら財政が破綻する。これはいつの時代でも同じです。

それからもう一つあります。フランスは大革命（一七八九～一七九九年）の時に「アッシニャ」という金（きん）に交換できない非兌換紙幣を大増刷して、大インフレを起こしたことがありました。その結果、国庫は破綻し、超インフレを招いた記憶が強く残っていて、公債の発行にものすごく反対する人がいるわけです。パリ市（正確にはセーヌ県）が都市改造を計画して、そのための市債を発行して予算をつくろうとすると、パリの市議会に相当する市会のメンバーの多くは反対しました。借金してまで都市計画を実行することはできないよ、というわけです。それでパリの都市計画はなかなか実行されないまま一八四八年まで来てしまいました。

一八四八年というのは「二月革命」が起こった年です。ブルボン王朝のルイ・フィリップの王政が一八三〇年から一八四八年まで続いたのですけれども、一八四八年の二月革命で転覆されてしまいます。そしてフランスは第二共和政の時代になります。第二共和政期は理想主義の時代ですから普通選挙が初めて実施されました。中でも重要なのは大統領選挙です。これは年収の制限なしで、男子全員に選挙権が与えられた初めての大統領選挙です。第一回大統領選挙で初代大統領に当選したのがナポレオンの甥のルイ・ナポレオン・ボナパルトです。この人はそれまでフランスに住んでいなくて、イギリスに亡命していたのですが、二月革命が起こると突如フランスに舞い降りてきて、大統領選挙に立候補し、あれよあれよという間に当選してしまいました。

なぜルイ・ナポレオンはそんなに大統領になりたかったかというと、伯父さんも皇帝だったからということもありますけれども、もっと深い理由がありまして、それはパリを改造したかった、これに尽きるようなのです。パリを根源的に改造し、ローマと並ぶような、あるいはそれを超えるような素晴らしい世界一の都にしたいという強い願望を持っていたのが、ルイ・ナポレオンという人なのです。その証拠に、彼はクーデターを二回ほど起こして、捕らえられ監獄に閉じ込められた時、その監獄の中でパリの地図に青い線や赤い線を引き、自分が大統領になったらパリをこのように改造しようと計画を練っていたのです。大統領に当選するとすぐ、パリ市長に相当するセーヌ県知事のベルジェを呼びつけて、その地図をいきなり見せます。「君、このとおりにやってくれたまえ」と言ったわけです。セーヌ県知事はびっくりして、「とてもとてもそんな、できるわけないでしょう」と大いに抵抗しますが、ルイ・ナポレオンは強引にことを進めて、パリ市会ばかりか、国民議会とのあつれきを生みます。その抗争が限度に達すると、ルイ・ナポレオンは一八五一年十二月二日にクーデターを起こして、議会派を一斉に検挙してしまったのです。

今日のパリの美しい街並みをつくったオスマン

こうして、その翌年、ルイ・ナポレオンはナポレオン三世として即位し、第二帝政を開始します。その直後に彼は、セーヌ県知事のベルジュを更迭し、非常に辣腕家であったジロンド県知事のウジェーヌ・オスマンを抜擢します。

このオスマンは、多少の人が反対しようが関係ないという強引さで売っていた人でしたが、ナポレオン三世はこの強引さを見込んで、彼をセーヌ県知事に据え、「私がバックアップするから、好きなようにパリを改造しろ」と言ったわけです。ですから今日のパリがありますのは、オスマンがナポレオン三世の指示のもとに好きなように線引きして改造し

アドルフ・イヴォン「1859年2月16日、パリ行政区域併合の勅令をオスマン男爵に伝えるナポレオン三世」

たその結果なわけです。ですから、意外に新しい町なのですね。

では、オスマンは一体どのようにパリを改造しようと考えたのでしょうか。

▽上下水道

まずインフラの整備に取りかかります。特に、上下水道を整備しないと何度でも疫病が起こる。だから上下水道をバッチリつくろうということで、ブールヴァールやアヴニュという広い道路の下に馬車がすれ違えるほどの巨大な上下水道管の通路を造り、その上に再び道路を通しました。これは先ほどのパリで問題になっていたことをある意味で一挙に解決する方策だったわけです。どういうことかと言うと、まず上下水道をつくるためには土地を買収しなければいけない。それにはお金がかかる。だから市は公債を発行しなければいけない。公債を発行するにはいろいろ抵抗があった。そのため、これまでは何もできなかったのです。オスマンはその困難をナポレオン三世の強権で押し切ります。幸い、その時、フランスは不景気のサイクルに入っていたため、土地が非常に安く手に入ったのです。そこで上下水道をつくり、その上に素晴らしい道路をつくり、そしてその道路の両脇の土地を民間に売り出します。すると非常にきれいな道路ができているから、両脇の土地は飛ぶように売れたわけです。こうしてオスマンの第一期工事は素晴らしい成功を収めます。つまりパリ市が発行した公債を上回る収入がもたらされて、ほとんどタダで、儲けが出るぐらいにパリの大改造に成功したわけです。ところが、途中からなかなかうまくいかなくなります。原因は地上げ屋の暗躍です。これはいずこも同じですね。二十年ほど前の東京で起こったように土地を買い占め高く売りつけるという地上げ屋が暗躍し、買収がうまくいかなくなったのです。改造のテンポは徐々に、徐々に衰えていきますけれども、背景にナポレオン三世という軍隊と警察力を持った大変な権力者が控えていますから、オスマンはかなり自由なことはできたわけです。

▽サーキュレーション

パリの都市改造を行った時にオスマンが考えたこと、その一つの基本的なアイデアはサン゠シモン主義的なサーキュレーションということです。フランス語で言うとシルキュラシオン、流通、回遊ですね。ヒトとモノとカネがグルグル回ると、その回転することによって力と富を生み出す。パリ市も例外ではない。ブールヴァールには渋滞がなく、馬車が通り、人が通る。さらにパリの郊外からやってくる鉄道の駅から吐き出された人やモノが、グルグル回るような、そういう外郭循環道路をグラン・ブールヴァールの外側にもう一つつくれば、ヒトやモノやカネの流通によって、富は加速的に増えていくであろうということです。

▽建築規制

オスマン改造の特長とされていることは、都市をつくり替える時、本当に徹底していたことです。たとえば、この辺りは非常に密集していて不潔な界隈だから取り壊そうということになると、そこにあった家を全部壊しちゃったのです。その代表的な例は、私たちが今日訪れるシテ島というパリの真ん中にある川中島です。そこにはノートルダム大聖堂がありのます。しかし、ノートルダム大聖堂とその脇の一画とサント・シャペルという歴史的な建造物以外は全部つくり替えられているのです。とても古い建物のように見えますけれども、あれはそこにあった民家を全部撤去して、公共建築に替えたものです。それぐらいに街区ごとすべて取り壊して整備した。ちょうど今日、中国が北京とか上海でやったようなことです。住民を全員強制的に立ち退かして、きれいにしちゃうわけです。

その際にオスマンは、整備した道路の両脇を民間業者に売って、そこで各自に建物を建てさせるのですけれども、その時に、後にゾーニングと呼ばれるアイデアを出します。それは道幅に応じて建物の高さを決め、日照とかを考慮した建物をつくらせたことです。それからもう一つ、ある美学的な観点から全部の建物を統一させます。たとえば窓の高さはそろえるとか、あまり突飛なファサードはつくらせないとか。ファサードというのは建物の正面のことです。そのように非常に細かく規制を設けてから民間業者へ払い下げたのです。その結果、非常に統一された様式のまちができ上がりました。それに対しては当然批判もあります。あまりに画一的で変化に乏しいとか、オスマン様式の建物は威圧的であるとか、そういう批判はありますが、しかし、今日のパリの街並みの美しさの背景には、オスマンの考え方があったことは間違いないのです。

▽道路と公園・緑地帯

それからオスマンはもう一つ、これはナポレオン三世のアイデアを借りたものですけれども、碁盤目状という様式を採用しませんでした。たとえばニューヨークみたいな碁盤目状につくられた道路、京都もそうですね。これは中国様式です。それに対してローマ様式というのがあって、これは一つの広場から放射状に道路が広がっていく。そしてその放射状の道路と道路、広場と広場を結びつけてまちをつくっていくというやり方です。オスマンも部分的には碁盤目を採用したところもありますが、基本的には広場を中心とした放射状の様式を採用しています。そしてその放射状様式を採用する時に彼のアイデアのソースになっていたのが、実はなんと人間の体なのです。人体です。オスマンの考え方だと、道路というのは血管である。つまり大動脈があり、その次に動脈があり、さらに毛細血管が広がるように道路が走る。その道路を結びつける心臓の役割をするのが東西南北にある大きな広場であり、そこのところから放射状に通りが走っていって、それが次の放射状の通りに流れ込んでいくという考え方です。

それと同時に、これは今日、オスマン最大の業績とされていますけれども、公園の整備というのがあります。人体は血液だけでは駄目で、肺が必要である。肺は何かといったら、それは緑、緑地帯であるというわけです。従来からパリにあるリュクサンブール公園とテュイルリ公園(これらは元王宮です)、それからブローニュの森、ヴァンセンヌの森、こういう森を整備すると同時に新しく公園をつくる。たとえば民衆的界隈と呼ばれているパリの十九区には巨大な廃馬処理場と尿処理場があって、モンフォーコンと呼ばれる悪臭漂う場所だったのですが、そこを全部整備しまして、ビュット・ショーモン公園という巨大な公園をつくっています。これは東部における一つのオアシスとして今日も民衆に愛されています。パリのところどころ、要所要所にかなり大きな公園を配する。この緑の配置によって今日のパリはあるわけです。

また、大きな通りにはブールヴァールとアヴニュという二つの種類の大通りがあります。ブールヴァールというのは先ほど申しましたように環状の通りです。元城壁の跡ですね。それに対して一つの広場へと至るのがアヴニュ、英語になってアベニューになりましたけれども、広場へと至る広大な道、たとえばわれわれはシャンゼリゼの通りを思い浮かべるといいと思いますが、これがアヴニュです。そしてアヴニュが達する広場の中心には必ず巨大なモニュメントが置かれ、その周りを放射状に通りが走り、それを結ぶように円周状の通りが同心円状に広がるというつくり方です。

オスマンはその広大なアヴニュには必ず緑豊かな木を植えました。それまでパリは空気感染の伝染病が多かったのですけれども、緑が持つ酸素を発する力を借りて都市をきれいにしようというのです。それからもう一つ、日光の力を借りる。日光の持つ殺菌力を借りる。実はナポレオン三世はリウマチに非常に苦しんでいた人で、ジメジメした牢獄にいたためにリウマチになっちゃった。だからジメジメしたところが何よりも嫌いでした。そのためジメジメした場所をパリから取り除こうということで、オスマンに命じて、日光が差し込む度合いを基準にして、まちづくりを進めさせたのです。

もちろんこれらのアイデアソースはナポレオン三世にあったわけで、ナポレオン三世はどこでそのアイデアを得たかというと、一つはローマです。たとえば環状に発達した通り。ナポレオン三世は若い時に「カルボナリ」（炭焼き党）というイタリアの革命運動に加わったこともあります。だからローマはよく知っています。それからフランスでクーデターを起こして失敗し、ロンドンに長いこと亡命していました。だからロンドンもよく知っています。実は都市計画の最初はロンドンなのです。ロンドンは十八世紀に大火があったために、部分的にせよ初めてちゃんとした都市計画というもので街づくりをした都です。それを見たナポレオン三世は、パリはなんと無秩序なまちで、汚いまちだろうと憂い、パリの通りをつくり直そうと考えました。オスマンはナポレオン三世の基本アイデアに自分の美学を加え、広壮な緑の並木道のある都市をつくっていったわけです。ですから、オスマンという人を得ないで、都市計画もなかったら、パリが果たして今日のような都市になったかどうかは非常に疑問です。

▽パリ市政の機構改革

オスマンの非常に優れていた点は、セーヌ県知事としてオテル・ド・ヴィルというパリ市庁舎に落ち着くと、パリ市の機構を、自分の命令がピラミッド状に下りていくように改革したうえで、適材適所で優れた人材を抜擢し、全部その人に任せることにしました。たとえば、パリが緑にあふれた美しい都市になったのはオスマンの功績ですけれども、実際に緑地帯をつくったのはアルファンという人です。アルファンという人はブローニュの森の整備を任されました。この人は造園家で、オスマンがジロンド県知事の時代に発掘した人材です。アルファンに任せて、ありとあらゆるところに緑を配するという計画を実行しました。それから先ほど言いました上下水道はベルグランという人に任せたのです。これも大変な成功を収めたのです。

このように今日のわれわれが見るパリはたった十五年で大改造された都市なのです。渋沢栄一が一八六七年に到着した時にオペラ座は未完成でしたが、そのファサードだけはでき上がっていました。オペラ座は、ナポレオン三世がル・ペルティエ通りにあった旧オペラ座に観劇に出かけた時にテロリストの襲撃に遭い、そこに至る道路が狭かったために狙われたという反省から、アクセスしやすいオペラ座にするという観点に立ち、新しくつくろうとしたのです。オスマンはそのためにオペラ座前の土地を空けておき、今日ではオペラ広場と呼ばれる広場をつくり、のちにオペラ大通りと呼ばれることになるあの広い通りをつくって「皇帝通り」と名付けました。大きな広場に巨大なモニュメントをつくり、広場へいたるアヴニュに入った途端、それがはるか遠くに見えたと思うと、どんどん、どんどん迫ってくる。皇帝通りもこの視覚的な効果を十分に頭に入れていたわけです。その効果が抜群なのがシャンゼリゼです。シャンゼリゼというと大昔からああいうような感じかと思われるかもしれませんが、全然違うのです。確かに凱旋門はオスマンの前から建っていました。しかし当時、凱旋門はパリ市の外側にあったのです。シャンゼリゼがあのような形に整備されているのは、オスマンが道路を広げ、両側に並木を植えたからなのです。

日本のことにちょっと話を移しますと、このオスマンのパリ大改造の成功によって、ヨーロッパの君主はみんな一斉に自分もパリのような都市をつくりたいと考えるようになります。たとえばウィーンやベルリンでも、パリの都市計画を真似て、次々に都市改造が実行されます。そのベルリンの広大な道を見て、よし、俺もこれと同じものをつくりたいという日本人がいました。それが後藤新平という、後の東京市長で、衛生学の専門家でもあった人です。ベルリンのあの巨大なウンター・デン・リンデンという通り、あれにそっくりな通りを、関東大震災で被災した東京につくりたいと言ったのですが、みんなから大風呂敷だと袋叩きに遭って、東京では結局ほとんど何もできませんでした。けれども、後藤新平は、その前に、台湾の台北と満州国の新京でそういうまちづくりをしています。満州国の新京、今の長春ですが、あそこには非常に広い通りがあります。あれは後藤新平がベルリンからアイデアをもらったものですけれども、その元々のアイデアはパリにあったのです。

サン・シモン主義者のアイデア

パリというまちにはオスマンのアイデアだけではなく、もう一つ有力なアイデアが導入されています。それは何かというと万国博覧会です。パリでは第二帝政の間に、一八五五年と、渋沢栄一が訪れた一八六七年の二回、それから第三共和制になってからは一八七八年、一八八九年、一九〇〇年と三回、十九世紀にパリで都合五回の万国博覧会が開かれました。この万国博覧会というアイデアは一体どこから生まれたかというと、ナポレオン三世が主導した面はもちろんあるのですけれども、実を言いますとナポレオン三世がクーデターを起こした後にブレーンとなった「サン・シモン主義者」と呼ばれる人たちから来ています。サン・シモン主義者というと、私たち昔、マルクスをかじった人間はエンゲルスの『空想から科学へ』の影響で、サン・シモンとフーリエとオーウェンの三人を空想社会主義者として一くくりにしてしまいます。しかし、サン・シモン主義というのは厳密に言うと社会主義ではありません。サン・シモン主義というのは一言で言ってしまうと、資本主義の土壌のないところに上から資本主義を導入するという考え方です。つまり外部注入型の資本主義というのがサン・シモン主義の正しい理解です。ところで、サン・シモン主義はオスマンとある程度重なっている部分がありまして、そのキーワードは先ほど申しましたサーキュレーション、シルキュラシオン、流通です。カネ・モノ・ヒトの流れをつくる。これを全国規模で行ったのがサン・シモン主義です。

▽銀行と株式会社

この流通（シルキュラシオン）の中でも一番重要なのはお金の流通です。このためにサン・シモン主義者は銀行と株式会社を整備しました。それまでフランスにも銀行はあったのです。ロスチャイルド家の銀行というのがそれですね。しかし、ロスチャイルド銀行はわれわれが考える銀行と全然違います。ロスチャイルド銀行は今日の概念で言ったら投資ファンドに近いものです。つまり、お金持ちからお金を預かり、それを債券に投資して利益を生むのです。債券といっても主に外国債券ですけれども、これを買って、当時は結構利息が高いですから、その利益をお金持ちの投資者に還元する。こういう銀行です。

それに対し、ナポレオン三世のブレーンに集まったサン・シモン主義者たち、とくにペレール兄弟が考えた銀行は産業投資銀行です。つまり民間から集めたお金を一本にまとめ、効率的に産業投資を行う。それからサン・シモン主義者は株式会社も発展させます。片一方にアイデアのある人間がいて、片一方にお金のある人間がいたら、それを結びつけるのが株式会社ということです。株式会社という仕組みは元々ありましたが、第二帝政期に大変な活況を呈します。

▽鉄道と海運

次に（というか同時に）サン・シモン主義が取り組んだのは鉄道です。鉄道を全国に張り巡らせます。実は一八五〇年以前のフランスには鉄道はあまり普及していませんでした。その理由は、道路が完備していましたから長距離乗り合い馬車会社が陸上輸送の独占権を持っていて、鉄道はライバルになるというので嫌がったからです。そのため鉄道はなかなか敷かれなかったのです。しかし、ナポレオン三世が権力を握るとサン・シモン主義者がそのブレーンになりまして、鉄道を一気に敷いてしまいます。その一気さ加減は大変なものでありまして、一八五二年に第二帝政になってからほぼ五年ぐらいでフランス全土に鉄道網をつくり上げてしまいました。おかげで鉄道投資はものすごいブームになり、鉄道バブルが生まれます。鉄道をつくるには当然のことながら巨大な資本が必要です。そこで投資ブームが起きて、金融・不動産バブルが起きてというふうに第二帝政の十五年間、一八六七年までは巨大なバブルが起こったのです。まず鉄道をつくる。それから道路も整備する。次に海運です。フランスの海運は第二帝政になって急速に発達し始めます。そのおかげでフランス人は最大の恩恵を蒙ります。

どういうことかと申しますと、実は、第二帝政まで中流以下のフランスの民衆はフランスパンを食べたことがなかったのです。あのバゲットの白いパンです。このパンを民衆はほとんど食べていなかった。民衆は、ライ麦とか大麦、あるいはフスマなどでつくったパンしか食べられませんでした。小麦の絶対量が足りなかったからです。ところが、海運が猛烈に発達して、フランス―アルゼンチン間の大西洋航路が確保されると、アルゼンチンから大量の小麦を輸入することができました。と同時にアルゼンチンからは大量の肉もリゴリフィックと呼ばれる冷凍船で入るようになります。それまで、フランスの民衆はフランスパンも食べたことがなければ、肉なんか年に数度しか食べられないという有り様でした。それが海運の発達によって急に食糧事情が良くなります。とにかく民衆の生活は急速に豊かになっていきました。

パリ万国博覧会の変遷：競争原理導入から観光客誘致へ

サン・シモン主義者は、先行インフラ投資を行えば、前近代社会を一気に資本主義にすることが可能だと考えていました。しかし、最初のうちはうまく動かなかったのです。どうしてかというと、資本主義を導くための競争原理というのがフランスになかったからなのです。長い間、今でもそうですが、フランスというのは国家主導の国です。国家がアイデアを出し、それをバーンとやる。鉄道でも何でも。しかし、民間の競争となるとかなり劣ります。つまり競争原理というものがあまりない。では、競争原理をどうやってつくるかと考えたあげくに生まれたのが、実は万国博覧会なのです。

万国博覧会というと、今日、私たちは都市主催の巨大なお祭り騒ぎと考えていますけれども、初期においては競争原理を民衆に学ばせるための道具だったのです。日本では万国博覧会と言いますけれども、正しい訳語ではありません。「エクスポジション・ユニヴェルセル」（Expositions universelles）というのが原語ですが、「ユニヴェルセル」とは万有、すべてのものということですから「万有博覧会」というのが正しい訳語です。ひとことでいえば、すべてのものにおいて競争を喚起する装置です。どうやるかというと、アイデアは品評会に近い。今日もありますね、「モンドセレクション金賞」とか聞くと、なんかおいしそうだと思って食べますね。それと同じことで、万国博覧会もすべてのものを展示し、それと同時に金銀銅のメダルを与えることで競争原理が稼働するようにしたのです。金銀銅のメダルというと、私たちはオリンピックが最初だと思っていますけれども、実は万博が最初です。その万博のアイデアを提供したフレデリック・ルプレーという人の弟子だったのが、ピエール・ド・クーベルタンで、万博の競争原理を人間に応用してオリンピックを作ったのです。オリンピックの標語を覚えていらっしゃいますか。「より速く、より高く、より強く」ですね。つまり競争することによって人間の肉体も進歩するということです。これはモノのオリンピックであった万博から来ているのです。万博もモノを展示し、優劣をつけると、そこのところで競争が起こる。金賞を得たものはブランド価値を持つ。サン・シモン主義者は万博を競争原理の導入装置として考えて、これを組織します。それが一八五五年の第一回万国博覧会です。

第二回万博はちょっと反省します。競争原理の学習の場としての万博というのにこだわりすぎたために、観客数がいまいち伸びなかったのです。そこで万博を組織したサン・シモン主義者たちは、民衆を競争原理に導くにしても、民衆が展示を見てくれなくてはしょうがないと考えます。ならば民衆が喜ぶようなお祭り的要素を入れようではないかということで、ここで初めて導入されたのが「万国」のほうです。その当時、民衆は海外旅行なんてほとんどできませんでした。国内旅行でさえ簡単にはできない状況です。そういう状況において、できる限り多くの国々から、世界中のモノとヒトを集めて展示したら、これは誰だって見にくるはずだと考えたわけです。

フランスから一番遠い極東の日本にもどうか出品してくださいという要請が来ます。日本はそうした事情を知ってか知らずか、ともかく万博に参加します。その時いちばん人気を集めたのは、メインの会場の展示ではなく、その横の庭園に設けられた日本のお茶屋さんでした。そのお茶屋さんは民間人の清水（瑞穂屋）卯三郎という人が個人的に出展したもので、柳橋から卯三郎に連れてこられた三人の芸者さん（かね、すみ、さと）がフランス人の観客を前にお茶をサービスしていました。長蛇の列ができて大人気になったのです。これで、エグゾチスムというものは、万博に客を呼ぶには非常に効果があるということが分かったわけです。最初は競争原理の導入だったのが、次第に観光客誘致のイベントになっていく。それからもう一つ重要なのは、万博を開くとその経済効果はものすごいと学習したことです。そこで不景気になると万博をやろうということになって、パリ万博はほぼ十一年おきに五回も十九世紀に開かれたのです。

大反対にさらされたエッフェル塔建設

さて、それまで万博会場の仮設建築は閉幕後すべて壊されることになっていましたけれども、もったいないから残そうよという方針に変わったのが、一八八九年の第四回パリ万博からです。この時の万博はフランス革命百年にあたるから派手にいこう。では、目玉になるものは何かと考えたあげくに登場したのが三百メートルの塔を建設するというアイデアです。その塔の設計コンペティションが行われます。実はそのコンペはある意味、出来レースでして、三百メートルの塔のアイデアを既に持っていたブールデという建築家のアイデアが採用されるはずだったんです。そのアイデアとは「太陽の塔」と呼ばれる三百メートルの石造建築でした。その塔の上からアーク灯のサーチライトでパリを照らし出すというすごいアイデアです。ところが、それを推し進めていた大臣が突如、内閣改造で辞めてしまった。そこでコンペをやり直すことにしたけれども、そのうちにだんだん時間がなくなってきます。で、やり直しコンペの時に応募したのがギュスターヴ・エッフェルの事務所で、その事務所の提出したエッフェル塔が選ばれます。実は、エッフェルはロクロワというその時の商工大臣とかなり仲のいい人で、これも半分出来レース。もう一つ選ばれた理由が、鉄骨の組み合わせだから一年かからないで建てられる。そういうことでエッフェル塔に急遽決まったわけです。

最初、エッフェル塔がパリの目玉になるとは誰も思いませんでした。高いところからパリのまちが見えるということで、しばらくはみんな大喜びして昇るだろう。しかし、そのブームが終わったらどうだろうねえ。あの建築はパリにふさわしくないのじゃないかということです。事実、エッフェル塔は建設後二十年間は設計したエッフェルさんが運用して儲けていい。しかし、二十年を経たら取り壊さくてはいけないという決まりがあったのです。もちろんエッフェルさんは自分が設計したエッフェル塔を何としても遺したいと思います。俺がつくったこの塔は機能的な美しさというものを初めて打ち出した建築だ。この塔には無駄なものは一つもない。すべて構造躯体から考えられたものである。建築上の要請から生まれたものだ。その無駄のない完璧な美しさは今は理解されないかもしれない。しかし、時間が経てば、この機能美を理解する人間は必ず現れるだろう。だからその機能美を理解する人間が現れるまで、俺はなんとかしてエッフェル塔の延命を計らなきゃいけないといろいろ考えます。そこでエッフェルが思いついたのが、当時ようやく一般的になった無線通信にエッフェル塔を利用することでした。無線通信はできる限り高いところから電波を発しないと駄目ですね。だから無線通信と結びつけることによって、エッフェル塔は二十年の期限が来たら取り壊すという約束を反故にできたのです。

今日、私たちはパリのシンボルマークとして必ずエッフェル塔を思いますね。しかし、エッフェル塔は当時の美学からすると全員大反対の代物でした。モーパッサン、グノー、その他さまざまな芸術家たちは署名をして、エッフェル塔の建設中に取りやめるように政府に呼びかけたほどでした。

こうした大反対を押し切ってエッフェル塔が完成してしばらくすると、モーパッサンは、エッフェル塔の二階にありますレストラン、今でもありますけれども、当時は違う名前でした。そこで食事をするのを好みました。ある時、新聞記者がモーパッサンをつかまえて、「モーパッサンさん、あれだけ反対していたじゃないですか。なぜここで好んで食事をするのですか」と質問します。モーパッサンは答えます。「いや、私は昔と変わっていない。ここならエッフェル塔を見ないで済む」。そういう屁理屈を言ったそうですけれども、本当は大好きだったらしいですね。それはともかくとして、エッフェル塔は建ってから長い間、みんなから美学に反するとして嫌われていたのです。

突然の「美学の転換」で生き延びる

ところが、大体一九〇〇年から第一次大戦の間に急激な美学の転換というのが起こります。それはなぜ起こったのか今日でも謎なのですけれども、それまでの装飾的な美学というものがある日突如、ダサい、気持ち悪い、時代後れなものだとされて美学の転換が起こったのです。それを導いたのはギヨーム・アポリネールという人だったとされています。ギヨーム・アポリネールは、広告とか、地下鉄とか、エッフェル塔とか、そういうものにこそ都市の素晴らしさはあると、そう言ったわけです。突然、美学の転換が起こって、エッフェル塔は美しいということになってしまったのです。以来、今日も私たちはエッフェル塔を見ると本当に美しいなあと思うわけです。このように美学というのは変わるのに時間がかかるのですけれども、ある日突然変わって、それまで否定されていたものが突然素晴らしいものだということになるのです。エッフェル塔というのは、装飾美を善しとしていた美学から機能美こそ素晴らしいという美学に転換したよい例です。

その反対もあります。たとえば、一九〇〇年に建てられたオルセー駅です。私たちが今日オルセー美術館として知っているあの建物は、最初は駅として建てられたのです。今のオステルリッツ駅を終着駅にしていたオルレアン鉄道が一九〇〇年の万国博覧会のために、よりアクセスの良い駅を博覧会場に近いところに造ろうと考え、一八七一年のパリ・コミューンの火災で放置されていた会計検査院を取り壊し、そこに新駅をつくりました。これがオルセー駅です。それまで、駅のファサード（正面）は石造建築で飾るけれど、横はむき出しの鉄骨建築というのが普通でした。たとえばパリの東駅です。ストラスブール大通りの突き当たりにあって、素晴らしいファサードの駅舎です。ただ、石造なのはファサードだけです。横に回ると鉄骨の近代的な駅舎があります。オルセー駅ができた時、当然ファサードはそうつくることになったのですけれど、ちょうどセーヌ川に沿って、つまり横腹を見せる形になってしまいました。最初は鉄骨建築でつくる予定だったのですが、ルーヴル宮殿の真ん前に、むき出しの鉄骨建築をつくるのはいかがなものかと横槍が入りまして、オルセー駅は横腹も当時のネオ・ロココ様式と呼ばれるかなり装飾的な、十九世紀の最後を飾るような装飾的な石造建築で囲ったのです。だから私たちはルーヴルを見た目で反対のオルセー駅を見ても、あんまり違和感はないわけです。

ところがオルセー駅は、二十世紀に美学が装飾美から機能美に変わると、逆に非常に野暮ったいものとして非難されるようになりました。一九〇〇年に建てたのに、何であんな古めかしい、田舎っぽい、ダサい、ゴテゴテした駅なんだ。エッフェル塔にふさわしい機能的な駅をあそこにつくるべきだという声がずっと強まります。戦後になっても、特にドゴール政権下、パリを近代化しようというアンドレ・マルロー文化相の掛け声で、パリの古くさいところは壊して、新しいのをつくりましょうよという運動があって、その結果、オルセー駅は壊されることになりました。そしてコンペで、ル・コルビュジエの設計した、まるで国連ビルみたいなマッチ箱のようなビルがあそこにガーンと建つ予定だったのです。ドゴール政権の後を受けたポンピドゥーという大統領のもとで推進されたパリの近代的建築の一つがポンピドゥーセンターです。私たちがピカソなどを観に出かける、あの素晴らしいアヴァンギャルドの建築がありますね。あれはポンピドゥー政権下につくられたのです。ところが、ポンピドゥーが死亡した後でシャバン＝デルマスというドゴール派の人が大統領選挙に出たのですけれども、ドゴール派を割って出たヴァレリー・ジスカール・デスタンが大統領に当選してしまった結果、それまでの文化的な建設プランは全部ご破算になりまして、オルセー駅を壊してル・コルビュジエの近代的ビルを建てるという計画も全部流れてしまいました。どうしようかと言っている間に、あの一九〇〇年様式というのは意外といいんじゃないかと、だんだん潮流が逆に戻ってきたのです。

もしかして素晴らしいかも分からない。中がすごい鉄骨建築で、外側がゴテゴテの石造様式、こういう折衷様式はほかにないから、これは残そうということになります。そしてジュ・ド・ポームというチュイルリのパレスにあった印象派美術館の収蔵品を全部ここに移すことになったのです。ちょうど僕が一年間パリにいた時はまだオルセー美術館は完成していないで、オルセー駅をドカンドカン工事していましたけれども、今やパリのルーヴルと並ぶモニュメントになっています。

壊したら後悔先に立たず

　このように古いものを残すのは当たり前というパリでさえ、壊してしまったものも多数あるのです。その結果、ものすごく反省している例が、ナポレオン三世がパリの中心につくったレ・アールという巨大な中央市場です。これは鉄骨建築の代表例で、ものすごく高い屋根がガラスで覆われた広大な中央市場でした。しかし、ポンピドゥー時代に、こんなところにあるのはよくないと言って、壊してしまい、今はフォーロム・デ・アールという近代的な商業センターが建っています。アヴァンギャルドではあるのですが、しかし、いまひとつ不人気です。やはりレ・アールを残しておけばよかったと、今になって悔やんでいるわけです。

　ちょっと余談ですけれども、レ・アールを解体した時に、その一部がなんと日本に運ばれているのです。横浜のフランス山と呼ばれる「港の見える丘公園」に上っていく途中の丘にです。関東大震災以前にはフランス領事館があった場所ですが、そこに小さな鉄製のパヴィリオンがあります。あれはレ・アールを解体して運んできたものなのです。

　さて、これまでお話ししてきたように、壊しちゃったら、もうお終いなのです。カッコ悪いなあと思っていたものが、しばらく経つとものすごくカッコ良いものに変わることがしばしばあるわけです。パリでさえ、壊してしまってから後悔した建物は数限りなくあります。今になって残しておけばよかった。あの時の時代の記憶がそのまま残っていたのに……、という例がいくつかあります。

そういうものがある一方、残そうとしたわけではないのに、自然に遺ったというものもあります。それは僕が『パリのパサージュ』という題で一冊の本にもした、パサージュという通り抜け道です。日本で言ったらアーケード商店街みたいなもので、純粋な商業建築です。ですから誰も残そうと考えたものではないのに、なぜか残っちゃったわけです。地権者があまりに多く、バラバラだったために再開発できなかったからです。ところが今日では、このパサージュがパリの重要な観光資源になっているのですね。十九世紀を偲ぶにはパサージュに限るということで、僕もパリに行くとガラス屋根のアーケードの商店街に出かけることが多いです。そのようにパリではあまり再開発しないうちに残ってしまい、気がつくと観光スポットになっていたというような例もたくさんあります。というか、パリの町自体がそのようなものであるとも言えるわけです。

ところで、ゲルマン民族の一部であったヴァンダル族は自分たちが侵略したところを片っ端からぶっ壊してしまったという評判があったため、無用な破壊のことをヴァンダリズムと言いますけれども、そのヴァンダリズムによって壊された例はたくさんあります。たとえばバスチーユの牢獄、これは巨大な牢獄というか、元は要塞ですけれども、これも革命の後に完全に壊されてしまい跡形もなく、いまはそこにバスチーユ広場が作られています。こうした例はそのほかにもたくさんあります。

ですから、パリは大昔から変わらないさまざまなモニュメントがそのまま残っていると言われ、確かにその通りなのですけれども、壊されてなくなったものもたくさんあるのです。ただ、一つ言えるのは、壊して、その後につくり替える時にフランス人は日本人よりも多少ロングスパンでものを考えるということでしょうね。時代様式は移り変わる。それによって今の最新流行は次の時代の時代後れになるかもしれない。しかし、もうちょっとロングスパンで見た場合には、今の最新流行が時代後れになっても、もう一回最新流行になるかも分からない。そういうふうに循環的なものであるというような思想もあるわけです。事実、当時の最新流行が時代後れになり、また最新流行に戻ってきたというものがパリの至るところにあって、僕はそれを探して歩くのが趣味と言えば趣味です。

パリのまちに見る折衷の美しさ

パリを歩く楽しさとは何でしょうか。たとえばイタリアのヴェネチアを歩く。これも楽しいでしょう。ここは全部が大昔からのものです。東京を歩く。古いものはほとんど何もないです。パリを歩くと、古いものと新しくつくられたもの、それらの折衷の具合がとてもいい。この折衷の具合が界隈によって、新しく開発された界隈とか、いろいろあるわけです。先ほど言いましたパサージュも全部が残っているわけではありません。残っているのは、むしろ非常に辺ぴな人が行かないような通りにあったものが不人気故に残ったという例が多いのです。逆にこんなに人の多いところにこんな不人気なパサージュがあると思っていると、それが再開発されて、ほとんど日本のショッピングモールと同じものになっちゃったという例もあります。そうすると、何だ、この再開発はひどいじゃないか、ということでブーイングが起こります。

ですから再開発をする場合には、いつ美学の転換が起こるか分かりませんから、それには過去の遺産というものを残しつつ、それを偲ぶことができるような再開発というものがベストなのです。確かにそう言われてみれば、本当に大昔からあったものというのはフランスでも少ないのです。たとえばノートルダム大聖堂、建設が始まったのは十三世紀です。そうするとすごいなあ、十三世紀の昔からあるんだと思いますけれども、年中補修していて石を入れ換えていますから、本当に大昔からあるものというのは少ないわけです。伊勢神宮は二十年に一回建て替えますけれども、ノートルダム大聖堂も五十年に一回とか、部分的につくり替えていって、昔の状態を保存しているわけです。

保存ってお金がかかるんです、当たり前ですけれども。新しく建て替えたほうがはるかに安いわけです。だけど、フランス人は過去のモニュメントを壊してしまって取り返しのつかないことをしたという反省もあるのでしょうが、大昔の由緒ある建物は残したほうがいいということで、お金がかかっても保存するほうを選んでいます。ただ、日本だとそういう時にあまり時間をかけませんが、フランスはものすごく時間をかけるのです。三十年前に補修していた建築物にこの間行ったらまだ補修していたなんていう例はいくらでもあります。つまりは、お金と長い時間をかけて補修し続けて過去を残すという思想です。美学が変わった時に、あれを何で残さなかったのだという反省がオスマンの時代からさまざまにあるのです。だからわれわれはオスマンの残したパリは素晴らしいと思いますけれども、その一方に、いまだにオスマンを非難する人もいるのです。過去のあの素晴らしい、貧民街だとかなんとか言われたけれども、あの民衆的なパリを全部ぶち壊して、散文的なシテ島というものをつくってしまったのはオスマンの責任だ。少なくともシテ島だけは民衆的なあの界隈をそのまま残して、ユゴーが描いた『ノートルダム・ド・パリ』のあのシテ島を保存しておくべきではなかったかと考える人もすごく多いです。

現にそういう形で残った町も少なくありません。たとえばリヨンという町です。ここはパリとは違う発想の保存をとりました。中心部をつくり替えずに、そのままの形で旧市街を残して、郊外に新しい町をつくっていったのです。だから逆にパリにはない旧市街の雰囲気がリヨンには遺っています。あるいは南仏の城砦都市、カルカッソンヌ城砦が壊れずに残ったようなまちでは旧市街がそのまま残って、新市街は外側に広がる。そういう形で残っています。

ただ、パリはある意味、極端な見方からするとレプリカのまちなのです。十九世紀の最新様式はネオ・バロック様式と呼ばれるものです。バロック様式の典型的なのはヴェルサイユ宮殿です。ネオ・バロック様式と呼ばれるものの代表例がオペラ座、新しいオペラ座ではなくて、シャルル・ガルニエがつくったオペラ座です。ところで、ネオ・バロック様式と呼ばれるオペラ座をつくる時に、コンペティションが行われて、シャルル・ガルニエが設計図を出しました。私たちはオペラ座を見て、「うわーすごい、壮麗」と思うのですけれども、当時はなんか非常に変なものだなと思われたのです。いろいろな折衷様式で、ルイ十四世様式でも、ルイ十五世様式でも、ルイ十六世様式でもない変な建物だと、その設計図を見たウジェニー皇后が「これ何様式なの？」と言ったそうです。するとガルニエは「閣下、これこそナポレオン三世様式と呼ばれるものであります」と答えたということなのですけれども、確かにそのとおりです。ですからパリはネオ・バロックのまち、ネオ・ロココのまちということです。ネオというのは新しいということです。要するにレプリカのまちということです。そのレプリカのつくり方がうまければ、それは素晴らしい都市になるのです。ですから私はこのネオ様式を大幅に取り入れたまちづくりをすると結構いいものができると思いますね。

「第二帝政アカデミー」という、第二帝政上層部にいた人たちの子孫たちがつくっている歴史同好会みたいなものがあります。その人たちは、パリのチュイルリー宮殿をもう一回つくろうという壮大な計画をもっていて、資金を募っています。もしかすると実現するかもしれません。チュイルリー宮殿というのはカトリーヌ・ド・メディシスの時代からあった宮殿ですけれども、パリ・コミューンの時に焼かれてしまいました。これをもう一回つくろうということです。ネオでいくか、全くアヴァンギャルドの新しいのでいくか、いろいろな考え方があると思いますけれども、アヴァンギャルドでいくなら、時代後れになっても次の流行がめぐってくるまで待つという考え方もありかと思っています。

そろそろ時間になったようです。ご清聴ありがとうございました。（拍手）

「講演シリーズ」（地方行財政調査会、２０１３年９月）

いにしえのパリに憑かれた男の到達点

一九八一年頃、ルイ・シュヴァリエの『歓楽と犯罪のモンマルトル』（文藝春秋、一九八六年）という本で、河盛好蔵先生の翻訳の手伝いをしたことがありました。その本に十八世紀のキャバレーやレストランがいろいろ出てくるんですが、資料を調べようとしても参考になる本なんてまったくなかった。それで古書を探しはじめたんです。そうして古書にあたってみると、十九世紀半ばにナポレオン三世の命で、セーヌ県知事のオスマン男爵がパリを徹底的に整備する前と後では、街がまったく別物になってしまったことを、あらためて実感しました。そこで、一八五三年から一八七〇年までのこの大改造によって何が失われて何が出来たのか、具体的にさぐろうと決意したわけです。同時にこれは学問的にもすごい鉱脈だと思いましたね。パリの街並みの移り変わりなんて、当時は好事家の興味の対象でしかなかったし、いわんや文学畑ではテクスト理論が全盛で、物語の背景にあるものはまったく知らなくてかまわないという風潮でしたから。

一九八四年から一年間パリに滞在することになり、朝から晩まで古本屋を絨毯爆撃的に

バン・シノワ

探し回りました。文献だけでなく、視覚資料も必要です。ただ、探してみると大改造以前の景観図は意外とあるんですね。とはいえ、基本的に地方から来た人や外国人向けの絵葉書みたいなものですから、ノートルダム大聖堂とかアンヴァリッドとか、今も残る名所ばっかり。オスマンが壊した普通の街並みなど、誰も描いてないんじゃないかと思ったものです。それでもあきらめきれず、帰国後はパリから送ってもらう古書オークションのカタログをチェックしていたのですが、一九八八年の九月、あるカタログの頁に目が釘付けになりました。大改造以前のパリを描いた三百枚からなるマルシアルの銅版画集『いにしえのパリ』が出品されていて、カタログには私がその細部を知りたかった「バン・シノワ（中国風呂）」という公衆浴場の図版が載っていたんです。しかも注意書きを読むと、マルシアルはパリ大改造が始まる十年前から改造まっ最中の一八六六年までこれらを描き、いずれも失われた街路を正確に写しとっているとあります。これはぜひとも欲しいと思い、借金覚悟で入札。しかし落とせませんでした。日が経つにつれ、なぜもっと高い額をつけなかったかという後悔の念は、薄れるどころか強まる一方でした。そしたらなんと二年後に、誰かに落とされた『いにしえのパリ』がめぐりめぐって再び現れた。今度は神田の原書専門の古書店を通じて買うことができました。「古書の神」は私を見捨てなかったと思いましたね。

さらにその翌年だったか、パリの古書店で、未製本の『いにしえのパリ』二九九枚を見つけました。フランスの版画集は原則として綴じておらず、買った人が自分で製本する。先に私が買ったのも、そうして製本されたものでしたが、じつは、ゆくゆくはマルシアルの展覧会をしたいとひそかに考えはじめていたところでした。十九世紀パリの専門家たる自分の人生最後の到達点として、これほどふさわしいものはないだろう。しかし、愛書家としては展示のために本をバラすのはしのびない。「よし、これも買っちゃおう!」と。

——三百枚コンプリートの一冊をお持ちなのに、さらにバラの二九九枚も買われたんですか!

バラの方も、のちに残りの一枚を探し出して補った。そうなるとだいぶ費用もかかったし、まずは書いて元をとらなければと(笑)。オスマン改造以前のパリ、バルザックたちが小説に描いた街並みを、『いにしえのパリ』と当時の地図をもとに、つぶさに復元する論考ですね。これはフランスでも、誰もやっていない。まず「へるめす」(岩波書店)に一回書いたものの、後に雑誌自体が休刊してしまった。その後、縁あって「芸術新潮」で連載開始となったわけです。

――『いにしえのパリ』の中で、一番思い入れのある絵はなんですか?

『失われたパリの復元』(新潮社、二〇一七年)のカバーにも使った「ピルエット通り」(一八六六)」ですね。『レ・ミゼラブル』で過激共和派の学生たちがバリケードを築いた場所の近く、ゾラの『パリの胃袋』の舞台にもなった通りを描いたものです。マルシアルはユゴーやバルザックなどを相当読み込んでいて、彼らの書いたパリが次々に壊されてゆくのを目にし、ノスタルジーを喚起されたんでしょうね。それを描くことで一生懸命に記憶の

ピルエット通り

中にとどめようとした。マルシアルの伝記は存在しませんが、銅版画集の版元から、ボードレールの周辺にいた画家だと推測されます。ボードレールとその仲間たちが、自分たちのこよなく愛するバルザックのパリが消えていくという危機感を持ち、文章で残そうとしたことを、マルシアルは銅版画でやったんです。オスマン大改造で、どこを壊し、どの通りを広げたかといった地誌的な研究はあっても、かつての街並みが実際にどういう姿をしていたかは分からない。バルザックの『幻滅』でリュシアンが泊まったホテルを、『従妹ベット』でベットが暮していたアパルトマンを、この目で見たい。マルシアルの『いにしえのパリ』がなかったら、大改造以前のパリを視覚的に復元することは不可能。それくらいすごいものなんです。

――展覧会ではマルシアルの他にどんな作品が出ますか？〔鹿島茂著『失われたパリの復元』刊行と連動して、二〇一七年に練馬区立美術館で開催された〕

私のコレクションからは、オフボエールが描いた『パリ時代々々』の多色刷石版も百点ほど並べます。こちらも歴史の教科書に使われるくらい正確。大改造以前のパリについては、マルシアルとオフボエールを超える絵は存在しないというのが私の確信ですね。展覧会でも当然二本の柱となります。当時のパリを描いた油絵は、セーヌ川の風景画を除くと、ほとんどない。狭い道が入り組んでいたため、街並みを描くには引きがなかったし、薄汚れた建物を美しいと見る感性が、画家たちにはまだなかった。これは決定的です。そんな中で、バルザックがそこに見出した貧困のポエジーに激しく反応したのが、マルシアルやボードレールだったんです。

大改造で建物を壊して道を広げ、パースペクティヴが広くとれるようになって、印象派の画家などがようやく街並みを描く対象としはじめる。今回の展覧会では、国内の美術館にあるオスマン以後の街を描いた油絵も全員集合という感じで、大改造の以前と以後の姿が、一度に両方見られる贅沢さです。連載では注目すべき地域ごとにパリの復元を試みましたが、そこから漏れてしまったマルシアルの絵もある。その一枚が「トランスノナン通り」で、一見何の変哲もない風景ですが、じつは七月王政下の一八三四年、兵士によって労働者一家が誤って殺された場所なのです。展覧会には、この虐殺を描いたドーミエの《トランスノナン街》も展示されます。マルシアルは事件について一言も書いていないけれど、この場所をあえて選んで描いている。そこには、街がはらむ記憶を後々まで共有しようという無言のメッセージが込められているはずです。

『芸術新潮』4月号（新潮社、2017年4月）

一九〇〇年パリ

紹介にあずかりました鹿島です。今日の演題は「一九〇〇年パリ」ということになっておりますが、これは「演題を知らせてほしい」といわれて、どうも思い浮かばなかったので、とりあえず「一九〇〇年パリ」ということにしておいたものです。一九〇〇年と言えば、十九世紀にも二十世紀にも、どちらにもいいだろうと考えたのです。

さて、一九〇〇年ですが、この四年後の一九〇四年に始まった日露戦争がヨーロッパに与えたインパクトというあたりから話してみたいと思います。

フランスで蚤の市へ行くと、今でも日露戦争双六とか、日露戦争の記念グッズが結構あります。一八七〇年の普仏戦争から、一九一四年の第一次大戦のあいだ、四十四年間フランスが加わった大きな戦争がなかったのと、二十世紀に入って初めての近代戦ということで、日露戦争がいろいろ話題になったようなのです。私は、一九〇四年の『イリュストラシオン』という雑誌を持っていますが、その中でも日露戦争のことがずいぶん書かれています。

『イリュストラシオン』のような当時のグラフ雑誌を見ますと、一九〇〇年がひとつの端境期だったことがよく分かります。このころ写真製版が登場します。これ以前は木口木版が複製技術の主流でした。木口木版というのは、柘植のような硬い木の真ん中の硬い部分の木口を彫る。新聞では、それを五十個ほど合わせて大判の図面にして刷ります。銅版や孔版では図版を刷ってから、その後で活字を刷らなければならないんですが、木口木版は凸版なので、活字と組み合わせて一緒に刷ることができるのです。『イリュストラシオン』は一八四三年の創刊以来、ずっと木口木版だったのですが、一九〇〇年前後に写真製版に代わってしまいます。

そうすると、木口木版に関わっている技術者の処遇が問題になります。彼らは見事な技術をもっていて、遠方から届いた写真をもとにしてそっくりの図版に仕上げていたのですが、写真からいきなり版面におこす写真製版の技術ができると、木口木版の職人達は全員失職してしまいます。そのとき職人達はどのようなかたちで生き延びたのか。

ひとつは、滅びつつある技術をなんとか保存しようという運動が起こって職人技術を残すために工芸学校がパリに生まれたため、そこの先生となるという道でした。おかげで、木口木版などの技術がかろうじて生き延びていきました。

もうひとつは、テクノロジーとして滅びてしまうのなら、いっそ芸術に向かってしまおうという方向です。オーギュスト・ルペールなどがこの口です。この人は天才というしか言いようのない大変な技術をもっていたのですが、あえて木口木版の技術を捨て、日本の

La gare d'Orsay en 1977.

完成時のオルセー駅

浮世絵に学んで板目木版へと移っていきます。

このように、一九〇〇年を境にいろいろな新しいテクノロジーがあらわれたため、それに対して技術者はどう生活を維持し、自分の生きがいを見出していくかという問題に直面したわけです。木口木版というトリビアルな例を出しましたが、産業のすべての分野で同じようなことが起こっています。旧技術と新技術がぶつかりあい、旧技術は滅びていくしかなく、新技術が徐々に主導権を握っていくのですけれども、その端境期に生まれたために、かえって、人はそこから独特の芸術を生み出していくことにもなったのです。パリそのものがそうしてでき上がっていきます。

こういう視点から、「一九〇〇年パリ」という問題を立ててみたのです。

次に、一九〇〇年の建築をふり返ってみると、まず、グラン・パレとプチ・パレという、

ル・コルビュジエのプラン

今は展覧会場になっている二つの大建築が一九〇〇年の万博のときに建てられました。そして、皆さんがパリに行かれると必ず訪れるオルセー美術館。これは、もとはオルセー駅といってオルレアン鉄道の始発駅だったのですがこれも一九〇〇年の建築です。それから、一九〇〇年に完成の予定が次の年にずれこんでしまったリヨン駅、これらが二十世紀への変わり目に出来上がった建物です。

このなかで、旧技術と新技術のぶつかりあいから生まれたという面で、やはりオルセー駅が最も特徴的ではないかと思います。

我々はこんにち、オルセー美術館は大変すばらしい建物だと思っています。ところが、一九六〇年代のドゴール政権時に、オルセー駅を全部壊して、その跡をル・コルビュジエの設計したマッチ箱のような、ニューヨーク風の建物にしようという話が持ち上がりました。しかし、一九六八年にドゴールが退陣し、大統領がポンピドゥー、さらにジスカールデスタンになると文化政策も変わり、いつかオルセー駅を壊すという計画は宙に浮いてしまいました。そうこうしているうちに時代の風潮が変わり、それまで限りなく醜い建物だと思われていたオルセー駅が、一九〇〇年のスタイルを最も忠実に映したすばらしい建物ではないかという声があがりはじめ、最終的に一九八五年に美術館として再出発することになったわけです。

このように、ある時代に醜くて格好の悪い建物と思われていたものが、二十年、三十年たつと、その時代を象徴するすばらしい建築である、と、美意識が変わることはよくあるのです。

あの時期、フランスでもヴァンダリズムが横行しました。かつてバスチーユ駅という、バスチーユから郊外に向かう鉄道駅があり、エクトル・ギマールというアール・ヌーヴォーの建築家が造ったすばらしいファサードがあったのです。それが再開発のために、真先に壊されてしまいました。さらに彼がつくった地下鉄駅の入口もみっともないというのでどんどん撤去され、七〇年代の終わりにパリに行きましたら、ギマールにゆかりの十六区のポルト・ドフィーヌ駅とモンマルトルのアベス駅にしか残っていなかったのです。ところが、一九八〇年代に入ると風潮が変わり、アール・ヌーヴォーは醜悪ではない、とてもいいいんだ、という声が起こったのです。

じつはアール・ヌーヴォーという言葉は、もとはフランス語ではないのです。その証拠に、一九八〇年代までの『グラン・ラルース』を引いても、アール・ヌーヴォーという言葉は出ていません。これは、どちらかというと、英米の人間達が用いていた名前で、フランスでは逆にモダンスタイルというふうに英語で呼んでいました。あるいはスティル・ヌイユ（麺スタイル）ともいいます。フランスでは、一時期の流行が去ったあとは、なにか気持ちの悪い変なものとして嫌われていたのです。今のパリジャンはみな一九〇〇年は大好きですが、三十年前までは醜悪なものだと思っていました。風潮は変わるのです。

少し話はずれますが、僕は在外研修のときパリの郊外のブーローニュ・ビヤンクールというところに住んでいました。ルノーの工場がある町で、また大変特徴的な建築のかたまっている町でもありました。ここは、パリ市では規制を受けて仕事ができなかったル・コルビュジエ派の構成主義の建築家たちが、市役所など公共建物で思いきり腕を揮った町だったのです。住んでいたころには、なにかパリらしくない町で、いやだったのですが、このあいだ二十年ぶりに訪れたら、その建物が全部歴史記念物に指定されていました。よく行っていた郵便局まで歴史記念物になっていました。要するに一九二〇～三〇年代の建築が今や歴史記念物に変わっているわけです。

このように建築は時代によって評価が変わるのです。建てるときには建築家が一生懸命設計をするのですが、その時代が去ると、なんとも格好悪いものということになってしまう。日本ではその時点ですぐ壊してしまうのですが、ヨーロッパの人間は、建物を壊すにはもうひとつためらいがあるらしくて、保存とはいわぬまでも壊さずにおく。そのうち価値観がひっくり返って、大変すばらしい建築ということになるのです。この評価のタイムラグは、いったいどういうところから出てくるのでしょうか?

先に取り上げた一九〇〇年の二つの鉄道駅、そして万博の建築、さらに最近はレトロモダンということで話題になっているパサージュ、変わったところでは刑務所建築など、集団のための建築が十九世紀前半から世紀末にかけて盛んに建てられました。

ドイツの評論家ヴァルター・ベンヤミンは『パサージュ論』の中で、この集団のための建築について考えを巡らせます。ルペルティエ街の旧オペラ座の横にあったパサージュ・ド・ロペラを取り壊すことになって、これを守ろうという運動をシュールレアリストのアラゴンとブルトンが彼らの雑誌で呼びかけました。

それに呼応したかたちで、ベンヤミンは一九二五年にパサージュ・ド・ロペラを訪れます。そしてその時に非常に不思議な印象を受けました。そこには百年前の人たちが集団で見ていた夢の記憶が残っている、と考えたのです。ひとりひとりの夢ではなく、大きくまとまった集団が見る夢、つきつめていけば資本主義の見る夢の記憶があると。十九世紀に本格化した資本主義というものが、個人の想像力や思考を超えて、知らないあいだに建築やモードを規制し、スタイルをつくっていくのではないか。それが集団の夢というわけです。

同時に、十九世紀には最新のテクノロジーを表象していたはずの鉄が、時代が更新され、テクノロジーの前衛性を失って百年たつと、まったく別の印象を与えるものとなる。百年後に、テクノロジーの廃虚を見たとき、そこにあらわれてくるのは、テクノロジーの前衛性や建築家の意志ではなく、鉄のような素材のなかにあらわれるアルカイックな要素、人類が持つ古代的な記憶といったものではないかとベンヤミンは感じたのです。

個人がひとりひとり勝手に一生懸命に建築をつくる。あるいは最新のモードをつくろうと努力する。ところが、それが百年たったときに感じられる不思議な感覚。これについて、ベンヤミンは徹底的に考えたあげく、それは資本主義が見る集団の夢の記憶ではないか、と結論したのです。そのときにベンヤミンは二項対立で考えます。ひとつはテクノロジーからくる要請、もうひとつはテクノロジーの要請をしりぞけようとする美学的な要請です。このふたつが拮抗しながらものをつくり出していくのではないか。建築では、テクノロジーはすなわち鉄です。美学的なものというのは外側の石です。石造建築。エコール・デ・ボザールという美術学校がボナパルト街にありますが、そこを出た建築家たちは、テクノロジーよりもあくまでもファサードの石造建築の美しさを追求するわけです。そのふたつのせめぎあいの中で、テクノロジーの要請というものは、基本的には機能優先主義になります。機能的なものをどんどん追求していこうとする。それに対してボザール出の建築家は、テクノロジーなどは人間にたとえれば骨のようなもので、骸骨は美しいわけがない、そこに肉をかぶせなければいけないと考えます。

ベンヤミンはモードについて盛んに言及しますが、これは、建築の場合とよく似ているのであとでまた言及します。

少し話がずれますが、ソースタイン・ヴェブレンというひとが、贅沢の見せびらかし方には二種類あると言っています。ひとつは、貴族の見せびらかし方で、自分はいかに働かなくていいか、暇をもっているかを見せるという方法です。貴族は盛んに狩りをしたり、パーティなどをやって遊びますがそれは暇を見せびらかすためです。それに対してブルジョワジーは、自分はなにを所有しているかで、贅沢さを見せます。ブルジョワジーは働くことによって社会的上昇をとげたのですから、働くということは絶対に避けられないのです。そこで、自分たちの富を、すなわち自分たちは偉いんだということを、所有物、たとえば家や馬車で見せます。さらにもうひとつ重要なのは、妻を着飾らせることです。十八世紀には男も着飾っていたのですが、徐々にイギリスの美学が入ってきて、男は黒背広を着て働く、というライフ・スタイルが主流になりました。男はきらきらした服をやめて、その代わり奥さんが派手な格好をすることになる。妻は働かなくてもいい、動かなくてもいいが着飾らなくてはならない、これが富の見せびらかしになるのです。そういうわけで十九世紀の女性のファッションからは、動きがどんどん取り去られ、女性は限りなく動きにくい格好にされてしまいます。たとえば、胴のまわりにクリノリンという鉄の環をはめて、スカートをふくらませる。そのあとに流行したバッスルスタイルは、お尻のところに変なものを入れます。

こうした女性の動きを奪う装飾的なファッションに対し、モードにおいて建築のテクノロジーに相当するのは、何なのでしょうか？　僕はひとつの結論に達しました。それは、女性の肉体だろうと。女性の肉体というものは動きです。神の創ったテクノロジーである肉体と、それを覆い隠そうとする装飾、このせめぎあいでモードは進化していく。装飾性と機能性、常に拮抗するこのふたつの要素の接点として、時代時代のモードがでてくるわけです。やたらに動きにくいモードが流行る時代もあれば、動きやすさを最優先するモードが流行る時代もある。モードは常にそのふたつの関わり合いとして、あらわれてくるのです。

建築もずっと、ふたつのせめぎあいでした。ところが、ついにテクノロジーが勝つ時代がくる。どうしてか。鉄自体が変わるのです。銑鉄、錬鉄の時代から、鋼鉄に変わる。そうすると建築様式自体が変わってくる。銑鉄や錬鉄は、四角い箱はつくりにくく、むしろヨーロッパの伝統的な石造建築と同じように、オジーヴという半円を描く天井に向いています。パリの建物を見ると、石の代わりに銑鉄、錬鉄を使ったオジーヴの様式をとった建築がたくさんあります。大きなデパートに入るとすごいホールがあります。あのホールは、実は教会建築のオジーヴという伝統的様式の丸天井を鉄で造ったものなのです。『デパートを発明した夫婦』という本の中でも述べましたが、デパートの発明者であるブシコーが一八七二年に自分のデパートを改装したときに、ふたつのイメージ・ソースがあったのです。ひとつは、ノートルダム大聖堂。つまり、中に入ると、天に届くような高いところにあるステンドグラスから光が差し込んで、異次元空間に入りこんだような気にさせる教会建築の様式です。もうひとつは、オペラ座です。入ったときに、限りなく贅沢なことを自分がしていると感じる。そのふたつを足して二で割って商業建築にしたのが、ボン・マルシェを始めとするその後のデパートなのです。デパートがどうしてああいうかたちをとったかというと、そこに入ったらもう自分は違う人間なのだと感じさせるためです。そのためになにをするか。ひとつは、季節をずらしてしまいます。たとえば、いま外は冬であったら中は春でなければいけない。春なら夏というふうに。季節をずらすためには、違う空間、劇的な空間にいなければいけないのです。これがブシコーの発明したことです。

そしてもうひとつは、どんな贅沢な女性であろうとも買い物をすることに抱いている罪悪感を捨てさせる。そのために、一番いいのは、自分は仕方がないから買うのだ、と感じさせる。つまり、「義務として買い物をするのです、仕方がないのです、私は」というふうに。どんな義務かというと、階級としての義務ということを吹き込んだのです。本当の階級ではなく擬似階級です。本当の上流階級はデパートで買い物しないわけですから。「あなたは一クラス上の階級になったのだからこういう買い物をしなさいよ」と吹き込むのです。そのための空間的、時間的感覚をずらす建築とは何か、とさんざん考えた挙句、人間が異次元空間に入ったと感じるのはどこか、それは教会とオペラ座だろうと考えついて、その空間を用意したということなのです。

そのときにとても役に立ったのは銑鉄です。銑鉄建築というものは、大スパンの空間を可能にする。そして、それはまず鉄道駅に登場するのです。その後は刑務所などもあるのですけれど、まあパサージュにあらわれる。ついで万博建築。そうした大きな空間を造っていくときに、鉄が使われていくわけです。

ところが、鉄で造っても外側は石造のファサードで覆い隠すという美学がずっと続いていました。考えてみると、この美学は不思議です。なぜ石で覆い隠さなければいけないのか、なぜ鉄は醜いのか。これを説明するのに、たとえばゴーチェという人は、人間のむきだしの肉体はみっともない、着飾らなければいけないと考える。しかし、こういう意識は、実は不思議なものです。必ずしも必然性を持っていません。むしろ、どんどん機能で攻めてしまえばいいではないかと考える方が普通です。テクノロジーの発想では、そうなるのですから。その鉄はみっともないという意識がどこからきたか。

ベンヤミンはこれを説明するために、フロイトの深層心理学を援用します。

人間には抑圧された本能というものがあって、ふつうはそれを意識下に押し込んでいる。しかし、本能はとても強く、夢の中では意識の抑圧が弱くなっていますから、殺人を犯したり、かなり極悪非道なこともやってしまう。つまり、覆い隠された本能が夢の中で出てきてしまう、とフロイトは考えます。

しかも、夢というものは非常に不思議な作用をするわけで、本能がそのまま出てくるのではない。夢を見ている段階でも、私達の心の中には本能を覆い隠そうとする力があります。フロイトはこれを抑圧と呼んでいます。本能がストレートに出てきてしまい、あまりの恐怖、あまりの快楽があると、私たちは、驚愕して夢から覚めてしまいます。覚めないようにするには、下から上がってくる本能を夢が映像に転換するときに、特殊な転換をする、とフロイトは考えました。つまり、たとえば夢で私達はトイレにいきたいと考えます。そうすると、そのままトイレに直行する夢は見ないのです。なにか不思議な、変なかたちで、トイレにいきたいというものをあらわした夢を見る。あるいは、内臓にどこか機能障害があるときには、その内臓の夢ではなく、内臓が発する痛みの信号を解釈し、映像に転換して、摩訶不思議な夢を見るわけです。このように人間の心は、本能をなんとか覆い隠し、接点を見いだし、いろいろな映像を作り出そうとします。このフロイトの考え方を用いて、ベンヤミンは十九世紀に特徴的な折衷様式、外側は石造り、そして中が鉄でありながら、そのことをひたすら隠すような様式というものは、十九世紀という時代が見たひとつの夢ではないか、テクノロジーの要請するストレートな機能主義を覆い隠しつつ表現する、それが十九世紀的な特徴であると考え、その特徴をオルセー駅などの建築に見ます。

そして、最初にパサージュ・ド・ロペラを訪れたときに感じた、とても怖い、不気味な印象、古代の洞窟を訪れたときのような感覚。百年ほど前に建てられた建物に入ると、それ以前に建った建物よりも、さらに一種異様な感じを受ける。それは、鉄にあらわれた人間の集団的無意識、アルカイックなものの蘇りではないか、ベンヤミンはこういうふうに考えたわけです。

建築というのは、いつの時代でも、その建築家が最新鋭のことをやっているように見えながら、その時代の無意識というものを一番反映しやすいのです。モードも同じです。

この折衷様式のふたつの要請が逆転をしはじめるのが一九〇〇年なのです。この現象はまず十九世紀の末にシカゴにあらわれます。シカゴは十九世紀の末に大火があり町全体が焼け、その復興の過程で、新しい建築様式が出現してきた。それは完全に近代的なスタイルで、鋼鉄で四角い箱をつくります。その箱をどんどん積み上げていけば、限りなく建物を高くできる。それまでは銑鉄や錬鉄という素材の限界から、建物はオジーヴ型に高くなることはできても、無制限に高くすることはできなかったのですが、鋼鉄を用いることによって、四角い箱を重ねて、限りなく高くできるのです。これが、シカゴに登場したスカイスクレーパー（摩天楼）で、それがニューヨークに波及するわけです。

ただ、スカイスクレーパーはそれまでも理論的には可能だったのです。けれど、そんなに高い建物には階段では昇れない。これを解決したのがエレベーターなのです。今でもあるオーチスという会社が、エレベーターを一八五三年のニューヨーク万博で披露したのです。一八八九年の万博でエッフェル塔が建ったときには、水圧式エレベーターで人を運んでいます。エレベーターによって、スカイスクレーパーが可能になったのです。そうすると外側などどうでもいいという考えになって、現代建築へと進み、ニューヨークのスカイえ方があらわれてくる。

スクレーパーの建築群になる。そして、機能は醜いと言っていたのが、じつは機能というのはすばらしいものではないか、機能自体の美しさというものが存在するのだ、という考え方があらわれてくる。

これはギュスターヴ・エッフェルに端を発しています。彼はエッフェル塔を建ててモーパッサンやグノーを始めとする芸術家達に猛反対されたとき、「機能的なものは機能的な美しさがあるんだ、それを見てくれ、いまに解る」と言っています。まさにその言葉どおり、二十世紀に入るとシカゴに始まったスカイスクレーパーの群れが、アメリカを覆い尽くし、本家本元のフランスでもル・コルビュジエが、機能を前面に打ち出した建築を始めます。同じようにモードにおいても、ポール・ポワレが一九〇八年に『ローブ・ド・ポール・ポワレ』というファッションプレート集を発表し、じつに三百年ほども続いていた女性の胴の拘束を取り払ってしまう。それまでの女性は、肉体をコルセットで締めつけて、それに服をのせていたのですけれども、そのコルセットを取ってしまったのがポール・ポワレなのです。ポワレは、女性の肉体はそれ自体で美しいということで、肉体をそのまま示すように、ハイウエストのドレスを作り上げるわけです。モードにおけるポール・ポワレ革命と、シカゴに発した機能主義的なモダン建築は呼応している。機能主義の勝利が一九〇〇年に始まりつつあるわけです。

一方、先ほど取り上げたアール・ヌーヴォーですが、このアール・ヌーヴォーをどう解釈するかという問題が、今までの建築史では抜けていたのです。

アール・ヌーヴォーというのは、一種不思議なものです。どうしてかというと、機能主義なのか、装飾主義なのか、わからないからです。ひとつは曲線を多用したということがあります。機能主義なら曲線ではなく直線を用いるはずです。ところが、素材には可塑的な鉄・ガラスを使う。この鉄・ガラスはモダン建築の二大要素です。にもかかわらず、アール・ヌーヴォーはモダン建築ではありません。かといって、十九世紀的な鉄とガラスを石で覆い隠す建築かというと、そうでもない。非常に不思議な建築です。

アール・ヌーヴォーの原点は、「民衆の中に芸術を」ということです。アール・ヌーヴォーの芸術家たちは考えました。量産できなければ原価を安くできない。一点ものの芸術では民衆の中に入っていけない、複製芸術でなければだめだと考えるのです。そして、その複製芸術を可能にするのは可塑的な素材、つまりガラスと鉄です。型をつくり、そこに素材を流し込めばいくらでもできる。ガラスと鉄を素材にして、民衆の中に民衆の美的感覚を高めるものをつくろうと考えたのが、アール・ヌーヴォーの発祥なのです。

ところが必ずしもそうはいかなかった。鉄とガラスは確かに可塑的ではあるのですが、本来ならば可塑的であることよりも、建築の構造軀体で使われるべきものです。にもかかわらず、鋼鉄とガラスを可塑的な表現素材として使ってしまう。本来モダニズムというか、機能的なものとして使われるべきもの、それを表現素材として、その可塑性を用いて美をつくってしまった。それがアール・ヌーヴォーなのです。

ですから、我々が見るとなにか一種異様な感じがする、どろどろとしたというか、植物というか、内臓といったらいいか、不思議なものができあがっている。それの一番新しいのが映画の『エイリアン』です。H・R・ギーガーという人がデザインしたエイリアン、あれこそはモダンなアール・ヌーヴォーというべきもので、発想は昆虫とか植物をモチーフにしたアール・ヌーヴォーにあったのではないかと思うのです。

アール・ヌーヴォーについて、ベンヤミンはとてもおもしろい解釈をしています。夢から覚めてなにか朝の支度をしている夢を見る、ということは誰でもあります。それで遅刻してしまうということもあるのですけれども。アール・ヌーヴォーというのはそれに近いのではないか。十九世紀が無意識に見ている夢、表面にあらわれようとする鉄とガラスの機能主義と、それを覆い隠そうとする外側の石の装飾主義のせめぎあい。これは最終的には機能主義が勝つことは明らかである。つまり、夢は覚めなきゃいけない、必ず覚めるものだということです。ではアール・ヌーヴォーとはどういうものかといえば、この十九世紀の夢の延命装置、つまり我々が見る覚めた夢に近いものです。なぜかといえば、本来構造軀体に使われるべきガラスと鉄を表現素材にし、本来ならば石が使われるところを、ガラスと鉄を使って表現をする、構造軀体には使わないのですから。十九世紀末という、何か中途半端な時期に生まれた倒錯的過渡的なもの、と解釈したのがベンヤミンのアール・ヌーヴォー論なのです。

その後、二〇年代に登場したアール・デコも一種不思議なものです。アール・デコというのは直線及び幾何学模様、円とか三角形を装飾として使ったものです。最も代表的なアール・デコ建築は、ニューヨークにあるクライスラービルで、外側から見ると普通のビルですが、一番上に車のラジエーターをあしらったものが乗っているのです。アール・デコ様式というのは、要するに機能的なものを装飾に使ってしまったものです。これも倒錯といえないことはない。本来なら円と直線という機能自体の表現だけであるべきものを装飾素材に使った。だからアール・デコ建築というのは、下からは普通のビルに見えるのですが、一番上に行くと幾何学模様が見える。僕はこれを王冠建築と呼んでいます。ビール瓶にフタが乗っているみたいに、それぞれの建物の上に面白い幾何学模様を配した王冠が乗っている建築なのです。だから、これも装飾主義と機能主義を、ある種不思議なかたちで融合したものでもあるのです。最終的には、建築でも機能主義が優先し始めるのです。

モードでも機能主義的な衣服が現れます。モードにおいて、機能主義の最終形態として登場したのが、シャネルスーツです。今では高い服の代表例と思われていますけれども、登場したときは働く女性が着るファッションでした。男の背広に使っていたジャージを用い、装飾を排して、機能的なものこそ美しい、と考え、表現したのがシャネルスーツなのです。これが二十世紀の美学です。

では、十九世紀の機能を覆い隠そうとする装飾技術は、どのように最終的に敗北していったのか。ベンヤミンは一九一四年に始まった第一次大戦を挙げています。それによって、それまで機能と装飾に半分ずつ足をおきながら、どちらかというと装飾に重点があった我々の芸術様式は、どうしても機能主義に傾かざるをえなくなります。なぜかというと、もともと戦争は機能主義でないと勝てないのですが、さらに第一次大戦において象徴的だったのは、戦場で機関銃が使われたということです。これは戦車とか潜水艦、飛行機の登場以上に大変なものです。

じつは機関銃は早くから戦場に投入されていました。我々が知っている限り、一八六八年に榎本武揚が立てこもった五稜郭の戦いで、黒田清輝軍は軍艦の上にガトリング砲を備え付けて、これで攻めたてたのです。アメリカ人のガトリングが作ったものです。そして、フランスのマキシムという会社は、元々は機関銃のメーカーです。それからレミントン。後にタイプライターを作った会社は、みんな機関銃を作っています。

機関銃がなぜ画期的なものだったのか。それまでの鉄砲は一対一の戦いのための道具で、いわばサーベルが変化したものに過ぎない。それに対して、機関銃というものは卑怯な武器なのです。たった一人の兵士が、百人の軍隊と戦うことができる。それ以前の、軍人がすべからく騎士でなくてはいけなかった戦争（たとえばプロシャ軍の将校というのは全員騎士階級ですし、フランスやイギリスでも、特に陸軍の幹部には貴族でなければなれなかったのです）では、たった一人で百人の兵士をなぎ倒すことができる機関銃は、なかなか使われなかった。使われたのは植民地の兵隊と戦った場合で、たとえばボーア戦争のような黒人反乱です。唯一使われたのが日露戦争で、ロシア軍がチェコ製機関銃を旅順に据え、そのために乃木軍はなぎ倒されてしまいます。これはいけないというので、日本もチェコから同じような機関銃を手に入れて戦ったのです。

しかし、第一次大戦になると、もはや貴族同士の戦いなどといっていられなくなります。要するに、戦争からも装飾的なものが一切削ぎ落とされ、すべて機能の戦い、機能で優位に立ったほうが勝ちということになり、機関銃が前面にでて、果ては毒ガスにまでいってしまう。このように第一次大戦は機能の全面勝利の戦争だったのです。

それによって、人間の価値観は根本的に変わってしまったのです。今まで機能主義に対してためらいがちだった建築、あるいはモードが、機能というものは恥ずかしくないんだとなる。そして、さらに機能は美しいという考え方があらわれてくるのです。

日本でもさまざまな機能主義的な芸術運動がでてきます。たとえば柳宗悦が始めた「民衆がつくった機能的なものは、これこそが美しい」という民芸運動。それから、坂口安吾は『日本文化私観』のなかで、「法隆寺なんてものは焼けたって全然かまわない。俺が感じるのはドライアイスの工場の美しさ、軍艦の美しさだ」というようなことを言って、機能的であればそれ自体が美しいんだと考えるわけです。そのような美学が二十世紀を支配し始めるのです。

そして、一番たち遅れていた文学にも機能主義があらわれてきます。それを謳ったのがギヨーム・アポリネールです。『ゾーン』という詩のなかで、それまで醜い異物と考えられていたエッフェル塔を、「エッフェル塔よ、おまえは羊の群れを連れる、羊飼いの女だ」と、機能的であるがゆえに美しいと表現したのです。現代の詩は、モダニスムを表現するものでなければいけない。このモダニスムの動きというものが、アポリネール、それからその友人であったピカソやマチス、彼らを中心とするキュビスムやフォーヴィスムという流れで、どんどん二十世紀の美学へと転換していくわけです。小説でいえば、十九世紀をかなりひきずっていますが、プルースト、そしてジェイムズ・ジョイスなどです。

こうして、一九〇〇年ないし一九一四年までは、十九世紀的な美学、機能主義と装飾主義を折衷してつくっていたものが、この後はきれいに清算されてしまいます。その結果、パリは芸術の都としては残るけれども、芸術生産の都はニューヨーク、あるいは、ほかの都市へと移ってしまうわけです。だからパリの建築を見ると、アール・デコ建築というのが非常に少ないのです。マドレーヌ広場にあるトロワ・カルティエ・デパートくらいで、アール・デコはニューヨークが主体になるわけです。

東京でも、関東大震災後、一九二〇年代の末ころにアール・デコの建築がずいぶん建ったので、もし戦争がなかったら、たぶんニューヨークのようなアール・デコの都市になっていたはずです。大阪にはまだ残っています。地場アール・デコといったらいいのでしょうか。不思議な、東京だと神保町のあたりにある看板建築、看板アール・デコというべきものです。建物のファサードだけトタン張りのアール・デコ様式。町の大工さんがつくったのでしょうけれども。日本の場合は東京、大阪ともアール・デコの都市になるはずだったのが、空襲を受けてなくなって、機能主義すらもない様式になっていくわけです。明治の時代に、建築家が、ヨーロッパの建築様式を日本に輸入して造った建築が、震災と空襲によって、二度にわたってきれいさっぱりなくなりました。

そのため、アジア的な混沌様式といったらいいのか、ゴチャゴチャとした町並みができあがったんですけれど、それすらヨーロッパの人間にはとても面白いものに映った。我々も東京とか大阪の建築はなんか醜いと思っていたのですが、香港とかに行ってその混沌ぶりを眺めると、「うん、面白いじゃないか」って考え直すようになる。香港に行くことによって、混沌建築の面白さに気づいて、その目で、逆に東京や大阪で見てしまうこともあるのです。

我々が今つくっている、どうなってしまうか分からない、混沌様式の建築がほうぼうで建てられています。そして、我々が今は、ああだこうだ、ちっともよくないと言っているけれども、二十年後、三十年後には、バブル崩壊以後の日本人の不安をあらわしたポストバブル様式の建物として評価されるようになるかもわかりません。五十年後にはいろいろな人がガイドになって、「ここの建物の様式はこうなんです」というようなことを言っているかもしれません。

建築やモードは、その時代の集団の意識を反映する。ゆえに、それを現代の基準で裁断してはいけない。醜いと思われていたものがいつ美しいと感じられるかわからない。

こうしたことがわかるようになったのがヨーロッパでは一九〇〇年で、この意味で、一九〇〇年というのは、二〇〇〇年という大きなターニング・ポイントを迎えている今日、もう一度、見直されてしかるべきではないだろうか。

これが今日のお話しの結論です。

「大阪日仏協会会報22」(大阪日仏協会、2004年6月)

Ⅱ

パリところどころ

シャンゼリゼ　到達点にモニュメントのある大通り（アヴニュ）を！

フランス語には、日本語で「大通り」と訳されている単語が二種類ある。一つはブールヴァール boulevard で、これはかつて都市を囲む城壁があったのを取り壊して道路に変えたものである。たいていは環状大通りの一部をなしていて、たとえば、グラン・ブールヴァールと呼ばれる連鎖大通りは、マドレーヌ広場を出発点にして、ブールヴァール・ド・ラ・マドレーヌ、ブールヴァール・デ・キャプシーヌ、ブールヴァール・デ・ジタリアン……というように延々と続いて、最後はバスチーユ広場へと至っている。

もう一つはアヴニュ avenue で、こちらは「到達する」を意味する avenir という動詞の過去分詞形 avenu が名詞に転じたもの。その大通りが到達する地点に、城郭、広場、モニュメントなどの建築物がそびえているときに用いられていた。多くは放射状に広がる並木のある幅広い道を意味している。シャンゼリゼ大通り Avenue des Champs-Elysées の到達点にエトワール広場と凱旋門があることからも、その語源が理解できるだろう。

ナポレオン三世の命を受けてパリ大改造に着手したとき、セーヌ県知事ウージェーヌ・

オスマンの心に、この二つの大通りの区別が浮かばなかったはずはない。

すなわち、世界一の美都をつくると同時に、一〇〇年後、二〇〇年後にも通用する機能性を有する首都というナポレオン三世の理想イメージを実現するために、オスマンはブールヴァールとアヴニュを使いわけ、概してブールヴァールには機能性を、アヴニュには美観を受け持たせるようにした。

では、ブールヴァールの機能性とアヴニュの美観は具体的にどこに現れているのだろうか？　美しい並木道のあるなしか？　それもある。しかし、すべてではない。というのも、並木のあるブールヴァールはいくらでもあるからだ。

違いはむしろ、歩道の幅にある。

アヴニュはブールヴァールに比べて、歩道の幅が広く、歩行者が散策を楽しむのに向いている。実際、シャンゼリゼ大通りが歩いていて気持ちがいいのは、ほとんど専用遊歩道のような感じがするからである。

しかし、魅力はそれだけではない。シャンゼリゼ大通りが人気なのは、広い道路の彼方に凱旋門がそびえているのが遠望できるからだろう。人は、ランドマークのないところでは、たとえ歩道の幅が広くても歩く気がしないからである。アヴニュは、到達すべきモニュメントを有しているのが美観につながるのである。

東京でも、原宿の大通りが美しいのは、到達点に、古くてゆかしい原宿駅があるためだ。これは、設計者がアヴニュの原義をよく理解していたからなのだろう。

それに対して、なんとも無残なのは、銀座の中央通り。せっかく、幅広い歩道があるのに、到達点にあるのは、なんと高速道路！　これでは大通りの端まで歩いてみようという気が起こってこない。
大通りというのは、歩行者に、到達点への散策を誘うようでなければならないのである。

「Chikai：地域開発ニュース」２９７号（東京電力営業部、２００８年春）

ノートルダム大聖堂1　ノートルダム大聖堂炎上

　日本時間四月十六日午前七時半に目覚めてインターネットを開いたら、パリのノートルダム大聖堂の火災の映像が目に飛び込んできた。フランスのサイトでどこが焼けているのかを確認し、内陣と後陣の屋根を描いた十九世紀の版画と引き比べながら被害状況を推測しているうちに底知れぬ恐怖感に襲われはじめた。もしかすると人類の最大級の文化遺産が完全に灰燼に帰してしまうのではないかという暗い予想が頭をよぎったからである。

　ノートルダム大聖堂がパリ司教モーリス・ド・シュリーの発案でシテ島に建立されることが決まったのは敬虔な国王ルイ七世治下の一一六三年のこと。ヴァイキング襲来の終焉、気候の温暖化、農作物の収穫増によりカペー王朝は安定に向かってはいたが、王と離婚したアリエノール・ダキテーヌが再婚したプランダジネット家のアンリと再婚し、そのアンリがイングランド王ヘンリー二世として即位したことから、フランスは巨大なプランダジネット帝国に包囲されて存亡の危機に晒されていたのだ。この意味でノートルダム大聖堂は初めからフランスの国民的統合のために建立されたといっても言い過ぎではない。

しかし、同時に大規模工事のためにパリに流れこんだ様々な集団の無意識が建築に反映されることになった。たとえば大聖堂の巨大な柱廊やオジーヴ（交差アーチ）は流入した元農民の信仰していた異教の神々の住む森の代置物だったし、ガーゴイルなどの異形の怪物たちも民衆の無意識の恐怖から生まれたものだった。第一、聖母マリア（ノートルダム）に捧げた大聖堂という名称それ自体が大地母神信仰を汲み上げたものである。

つまり、ノートルダム大聖堂はたんにキリスト教の文化遺産というだけでなく、キリスト教普及以前の民衆の共同幻想の表象でもあったのだ。キリスト教徒ではない日本人でさえ畏怖と同時に癒しを感じるのは「森で暮らしたわれらが祖先」の無意識に直接触れるためだろう。高村光太郎は「雨にうたるるカテドラル」で「毎日一度きつとここへ来るわたしです。／あの日本人です。（中略）ノオトルダム　ド　パリのカテドラル、／あなたを見上げたいばかりにぬれて来ました、／あなたにさはりたいばかりに、／あなたの石のはだに接吻したいばかりに」と謳いあげたが、彼もまた先祖の遠いこだまを大聖堂で確かに聞き取った一人だったのである。

今回の大火による損失が取り返しがつかないのはまさにこのためなのだ。人類最古の共同幻想の表象の一つが失われたからなのである。中には、消失した尖塔や内陣や後陣の屋根の一部は十九世紀にヴィオレ゠ル・デュックの指揮により復元されたレプリカなのだから再々建にすぎないという人もいるが、私は違うと思う。ゴシック建築の要であったオジーヴの木材組みの多くが消失してしまったことが大きい。『ノートル゠ダム・ド・パリ』の中でユゴーは中世においては思想は教会建築という「石の書物」のかたちでしか表出されなかったという旨のことを述べているが、この「石の書物」は中世の森から伐採された木で支えられていたのである。
　とはいえ、ノートルダム大聖堂で最も美しい後陣の外壁を支えるバットトレス、北側の薔薇窓、二つの鐘楼などが無傷で残っていたのは不幸中の幸いだった。二十一世紀の人類の叡知を結集すれば、近似値的な復元は不可能ではない。「石の書物」をふたたび開くことのできる日が来ることを期待しよう。

「東京新聞」２０１９年4月19日

ノートルダム大聖堂2　森への信仰、日本人が感応

ノートルダム大聖堂火災の知らせは日本人にも掛け替えのない損失と感じられたようだったが、なぜなのだろう。この点について考える手掛かりとなるのが高村光太郎の詩「雨にうたるるカテドラル」である。

「おうノオトルダム　ノオトルダム、岩のやうな（略）鷲のやうなうづくまる獅子のやうなカテドラル、（略）あなたを見上げてゐるのはわたくしです。あの日本人です。わたくしの心は今あなたを見て身ぶるひしています」

さて、この詩のどこに日本人とノートルダム大聖堂を結ぶ手掛かりがあるというのだろうか？　ヒントは「岩」「鷲」「獅子」といった巨大なゴシック聖堂の外観である。ゴチックとはゴート的ということで、元はローマ人がアルプス以北のゲルマンの建築を蔑むために用いた侮蔑的形容だが、最新の研究によればゴシック建築とはイベリア半島から北漸したイスラムの石組法とノルマンディー半島から南漸したヴァイキング船の木組法が十二世

紀に北フランスで出会って生まれたものとされる。ではそうした折衷の建築法を用いて自らのバーチャル・イメージを大聖堂でリアル化したのは誰なのか？

神は森に棲むと信じるドルイド教徒のケルト農民をよく研究し、彼らを改宗させるために森を伐採して異教の神を追放したキリスト教宣教者である。彼らは次に、森を失って都市に流れこんだ元異教徒たちを教化するには、彼らの脳内イメージの森を聖堂内につくりあげる必要ありと判断したのだ。あるいは工事に実際に携わった元異教徒たちの無意識が失われた森を聖堂内に復元したのかもしれない。

また、森に対する彼らの潜在的な畏怖が大聖堂の怪物の彫刻であるガーゴイルなどを生み出したと考えられる。ノートルダム大聖堂という名称さえケルト的な大地母神信仰から横滑りして紀元一〇〇〇年くらいから広まったマリア崇拝の反映と言えなくはない。ひとことでいえばキリスト教信仰の精髄のように思える大聖堂はユーラシアの辺境に生きていたケルト人の森の神がいったん失われたあと、イスラムとヴァイキングの技術の融合で復活したものと見ることは十分可能であり、森への信仰という点ではユーラシアの一方の果ての日本人とある種の類縁性をもっている。

そう、高村光太郎が「ノオトルダム」で見出したのは日本人の無意識の中にもあった失われた森なのである。今回、ノートルダム大聖堂の部分的焼失というカタストロフ（大惨事）に遭遇した日本人が深い喪失感に見まわれたのも、もしかすると、数万年前にユーラシアのどこかで東西にわかれた同胞の無意識に感応したからなのかもしれないのである。

「読売新聞」2019年4月25日

ノートルダム大聖堂3　国難を跳ね返したノートルダム大聖堂

ノートルダム大聖堂の大火で、取材や原稿執筆が殺到したのをきっかけにゴシック様式の大聖堂について少し調べてみた。

ひとつわかったのは、十二、三世紀に建立された初期大聖堂はイル・ド・フランスというフランス王国の領地にかたまっていたことである。これは多少ともフランス中世史に通じた者にとっては不思議な現象のように思われる。なぜなら、この時代にはフランス王国未編入の南仏の方が豊かな国で、文化程度も高かったからだ。

九八七年にパリを首都として始まったカペー朝フランス王国はヴァイキングの襲撃や疫病、飢饉などもあり低迷が続いていたが、ルイ七世が一一三七年に南仏の大国アキテーヌの女王アリエノールと結婚したことでアキテーヌという持参金がもたらされ、飛躍が期待された。ところが、第二回十字軍に出陣した後、ルイ七世がアリエノールと離婚するという「自滅行為」に走ったことから運命が暗転する。

離縁されたアリエノールはプランタジネット家のアンジュー公アンリと再婚し、広大なアキテーヌを持参金としてアンリにもたらした。その二年後、今度はアンリがイングランド王ヘンリー二世として即位したことから、フランス王国は、アキテーヌ、アンジュー、ノルマンディー、イングランドと続く巨大なプランタジネット帝国に周囲を包囲されることになったのだ。

ところが、ゴシック大聖堂群が突如出現したのはまさにこの頃なのである。パリに大聖堂を建立すべしというパリ司教モーリス・ド・シュリーの提言を受けたルイ七世が一一六〇年にノートルダム大聖堂の建立を決断したのが始まりである。キリスト教信仰の篤かったルイ七世は、未曽有の国難を跳ね返すのに信仰の力をもってしようとした。仮想敵国であるイングランドにはない壮麗な大聖堂を築くことで宗教的権威と政治的権威を結び付けようとしたのである。

しかし、決意と信仰だけでは大聖堂は建たない。今日でさえノートルダム大聖堂の再建には莫大な予算が必要とされるのに、一一六〇年にそんな財源はいったいどこにあったのだろうか?

多くの歴史家は十二世紀に始まったシトー会の大開墾運動や三圃制および農業機械の進歩のおかげで農業革命が起こったためと説明している。つまり、食糧が倍加したので、人口が三倍になったのである。その結果、農村の過剰人口は都市に流れこんで建築技術の進歩や新しい美学などの都市文化を生み出した。ノートルダム大聖堂はこのように、テクノロジーの進化→生活の向上→人口の増加→新しい都市文化の形成という順序を辿って成し遂げられたものなのである。このうちどれが欠けても、ノートルダム大聖堂は建たなかったにちがいない。少子高齢化が喫緊の問題となっている今日、テクノロジーは十分に進化している。次に必要なのは生活の向上である。これがなければ人口増加はもたらされないし、最終的に現代版のノートルダム大聖堂も建立されることはないのである。

「潮」７月号（潮出版社、２０１９年７月）

オペラ座　天駆ける階段　パレ・ガルニエ

　オペラというものは、それをどこの劇場で見たかによって、えらく印象が異なるものである。

　パリの旧オペラ座（パレ・ガルニエ）で見たのか、それとも新オペラ座（オペラ・バスチーユ）で見たか？　あるいはニューヨークのメトロポリタン劇場かミラノのスカラ座か？はたまた、東京オペラ・シティか東京文化会館か？

　同じオペラでも、劇場ゆえに豪華絢爛に思えたり、ひどく惨めったらしく感じられたりする。

　それもそのはず、オペラは、観客が劇場に到着するその時点からすでに、その「序章の序章」が始まっているからだ。

　いや、もっと極端なことを言ってもいい。オペラの本当の醍醐味は、オペラ本編にあるというよりも、「さあ、これからオペラを見るぞ」とおおいに期待に胸を膨らませながら足を運ぶときの「前味（アヴァン＝グー）」に存する。である以上、劇場、それも入口から客席に至るまでの部分がことのほか重要になるのである。

この点で最悪なのが、東京オペラ・シティである。

まるで、郊外駅の階段のような、なんの取り柄もない螺旋階段（といえば聞こえはいいが、その実、ただの回り階段）をグルグルと登っていくうちに、これから見るオペラへの興奮が高まっていくどころか、逆にどんどん萎んでくる。そして、階段を登りつめたところにある、これまたひどく散文的なホールで、アヴァン＝グーはついに消滅してしまうのである。


おそらく、東京オペラ・シティの建築家は、オペラなどというものは一度も見たことのない人にちがいない。少なくとも、オペラのアヴァン＝グーなどとは完全に無縁な人なのだろう。そうでなければ、あんな階段の設計はできないはずである。

ことほどさように、東京オペラ・シティは、逆説的な意味で、オペラ座にとっての階段の重要性を思い知らせてくれたわけだが、こうした観点から眺めてみると、パレ・ガルニエの大階段（グラン・テスカリエ）の偉大さというものが理解できるのではなかろうか？

そう、パレ・ガルニエが、今日もなお、世界中のオペラ座の中で、唯一無二といえるほどの隔絶性を保っている理由は、じつは、ナポレオン三世様式とも第二帝政様式とも呼ばれる折衷様式の外観のためでも、またその豪華絢爛たる舞台と観客席でもない。むしろ、その本質は、大階段にこそあるのだ。

紛れもない証拠を一つお目にかけよう。

それは、一八七五年の一月五日にこけら落としとしたパレ・ガルニエのオープニング・セレモニーに合わせてオペラ座図書館長のシャルル・ニュイテールが出版した『新オペラ座』（Charles Nuitter: Le Nouvel Opéra, Librairie Hachette,1875）なる紹介本である。

ニュイテールは、この本で、パレ・ガルニエの空前絶後の壮麗さをさかんに強調しているが、中で特筆大書しているのが大階段の見事さである。

「その構造の新しさといい、各部分の巧みな配置といい、使用素材の豪華さと輝きといい、大階段は、間違いなく、新オペラ座の最も注目すべきコンセプトの一つであり、建築家シャルル・ガルニエにとって最大の名誉となるにちがいない」（拙訳）

たしかに、ニュイテールの予言したように、パレ・ガルニエの大階段は、ここを訪れた人に例外なく強烈な印象を与えることになる。シャルル・ガルニエという設計者の名前は大階段とともに記憶されることになったのである。

では、オープニング・セレモニーで最初に大階段の前に立った招待客は、具体的にどのような眩暈に見舞われながら上を見上げたのだろうか？

「年間予約者用の入口から入った観客は、大階段の最初の階段に到着するが、そこで、目の前に、人が想像しうる限り最も優美にして最も生彩に富む装飾階段の全体像を目にすることになる。すなわち、中央踊り場の丸天井、それを支えるエシャンティヨンの石で造られた数々の円柱などであるが、それらには細かいアラベスク模様が描かれ、ありとあらゆるシンボルとオーナメントで飾られている。面前に展開するのは、旋回しながら上昇していく大階段である。それぞれの段はセラヴェッツァ産の白大理石で覆われ、両脇の手摺りは縞瑪瑙からなっている。手摺りを支える小柱は古代風の赤大理石で、スウェーデン産の緑色大理石の台座の上に乗っている。そして、そこに立つと、まず、二重になった円柱の向こうに副談話室（アヴァン・ホワイエ）のヴェネチア風モザイク天井が光り輝いているのが見え、次いで主談話室（ホワイエ）の扉が開いているのが目に入る。さらに上方に目をやると、視線は、扉の上の半円形の壁にある彫刻、および丸天井に描かれた絵画に止まる。要するに、この空間全体は、階段に至る階廊の天井が比較的に低い分、大階段が途方もない高さに感じられ、それだけより力強い効果を生み出しているのである」（同書）

とりわけ、ニュイテールの最後の言葉に注目しよう。

それというのも、シャルル・ガルニエが大階段によって意図した視覚効果が巧みに説明されているからである。

つまり、シャルル・ガルニエは、天井をわざと低くつくった玄関ホールの洞窟のような閉鎖空間に観客をいったん閉じ込め、息苦しさを感じさせておいてから、いきなり大階段のある巨大空間に放り出すことで、地球空洞説の唱えるような「地球の中の天空」を観客に味わわせようと試みたのである。

そう、オペラ座の大階段のある空間は、いかにも「地球の中の天空」であった。観客たちは、オペラの上演に先だって、この大階段のある巨大ホールで、いわば「前段階」的に興奮しはじめてアヴァン＝グーを味わってしまうが、それこそが、まさにガルニエの魔術であった。

では、ガルニエには、人を眩惑せずにはおかないこの空間の魔術をいったいどこで学んだのだろうか？

おそらく、パリのノートルダム大聖堂を始めとするゴシックの大伽藍であろう。

薄暗くて狭い玄関から、どこまでも天高く飛翔するようなゴシック大聖堂の本陣に一歩足を踏み入れた者は、カトリックの信者ならずとも、この深い森の中に穿たれた空き地のような空間によって魂を拉致せられ、天使たちに導かれて天空に登っていくような錯覚を覚えるものだが、ガルニエは、自らがゴシックの大聖堂で味わったこうした感覚こそが、自分の設計するオペラ座に不可欠なものだと考えたにちがいない。すなわち、観客に、なにはともあれ、天にも登りたくなるような崇高な感覚を与えなければならないと思ったのである。

しかし、たしかに「地球の中の天空」に似た効果はゴシックの大聖堂に学んだとはいえ、パレ・ガルニエには大聖堂にはない一つの大いなるオリジナリティがあった。

それが大階段である。

大聖堂には、天へと続く階段はない。それゆえ、信者は天に登って行きたくとも、実際には、信仰の中での被昇天を願うほかない。

たいするに、世俗の空間であるオペラ座は、やってきた観客に「ここでは、望みさえすれば、天上の極楽、すなわちオペラの上演されている会場へと至ることは可能なのですよ」と訴えることになる。

大階段は、この意味で、現世（現実世界）と来世（オペラという虚構世界）を結ぶ「天の階段」であり、この壮麗な空間に足を踏み入れた観客は、たとえ自らがそう望まなくとも、とてつもなく巨大な空間の生み出す魔力にひきつけられて、恍惚として大階段を登り、自動的にオペラの虚構空間に入ってゆくことになるのである。

一八七五年一月五日、十五年の年月をかけて完成した新オペラ座のオープニング・セレモニーは、ロンドン市長を主賓に迎えて、午後八時から始まったが、そのときの模様の再現は、文部大臣の通達によって、ドゥタージュというアカデミーの画家に任されることになった。

この責務を果たすため、ドゥタージュは、護衛に囲まれたロンドン市長の一行が大階段の踊り場で立ち止まり、出迎えた共和国大統領マク＝マオンと挨拶を交わしている場面を選んだが、この大階段を俯瞰で眺めた構図は、大階段から丸天井へと至る途方もない空間の広がりをよく捉えている。ドゥタージュは、オペラ座のオープニング・セレモニーはこの大階段の場面で頂点に達することを的確に把握していたのであろう。

同じように、生き生きとしたパリ風俗を描くことで定評のある画家ルイ・ベルーも、オペラ座のセレモニーを取り上げるに際しては、この大階段を仰角で捉え、天井の高さを強調している。

いずれの画家も、オペラ座の内部を描くキー・ポイントは、大階段のあるメイン・ホールであることを画家としての本能で見抜いていたにちがいない。

ところで、パレ・ガルニエの大階段の持つこのような意味を、それが公開される前から察知し、その魔術的な効果を商業に生かせないかと思案していた男がいた。ボン・マルシ

オペラ座のオープニング・セレモニー（ルイ・ベルー画）

ェ・デパートの創業者アリスチッド・ブシコーである。

セーヌ県知事オスマンのパリ改造に伴って、店舗の大増築が可能になると知ったブシコーは、従来の漆喰壁の店舗を一新して、豪華絢爛たる商業スペースを構築しようと計画していたが、そんな彼にとって、一八七五年にオープンが予定されている新オペラ座は格好の参考例であった。

彼は、独自のルートを使ってガルニエの設計図をひそかに入手したらしく、御影石のファサードばかりではなく、中央ホールの大階段までも模倣することにした。

この産業スパイ的な偵察の具体的成果が、一八七二年に開店したボン・マルシェ新館の第一期工事分だが、ブシコーはこの室内設計がいま一つ気に入らなかったらしく、設計者と工事者を更迭する。

鉄とガラスからなる天井の占める割合が少なく、狙っていたようなクリスタル・ホールの効果が十分に出なかったということもあるが、もう一つ、二階、三階へと通じる階段がいかにも狭く、壮麗な印象は望みえないという決定的な欠点があったのだ。

そこでブシコーは、第二期工事分は、新進の建築家ボワローと、万国博覧会の機械館の鉄骨建築で名を上げた技師ギュスターヴ・エッフェルを起用して、クリスタル・ホールの壮麗さを倍加する計画を立てる。

二人の担当者はブシコーの期待に応えて、斬新なデパート建築をつくり上げてみせた。それが、ボン・マルシェ新館の名物となった三重の馬蹄型階段を中央に配した新クリスタル・ホールである。

このクリスタル・ホールもまた、オペラ座の大階段のある空間と同じく、わざと天井を低くした玄関から入るように工夫されている。すなわち、例の「地球の中の天空」の効果を狙っているである。

その結果、薄暗い玄関を通って店内に一歩足を踏み入れた客は、巨大な吹き抜け空間のガラス天井から降り注ぐ明るい太陽の光にまず目を奪われ、ゴシックの大聖堂で感じるのと同じ崇高な感情に打たれるが、こうして生み出された「天に昇っていくような」感覚は、客が、陽光を浴びて輝く鋳鉄製の馬蹄型三重階段によって巧みに誘導されて二階、三階、四階の売り場へと足を運んでいくうちに、クレッシェンドで高まってくるのだ。

つまり、パレ・ガルニエに入場した観客が大階段のあるホールの荘厳な印象によって、これから始まるオペラのアヴァン゠グーを味わいながら階段を昇り、オペラという虚構世界にいつのまにか入り込んでいくのとまったく同じように、ボン・マルシェの客たちも、クリスタル・ホールの馬蹄型階段に導かれて、デパートの売り場という異次元空間へと一気に拉致されることになるのだ。


このように、オペラ座にしろ、デパートにしろ、大階段というものは、客に、これから前代未聞の体験が始まるのではないかという「夢見効果」を及ぼすものとして想定されているのであり、設計者はその幻惑的な影響力を十分に計算に入れていた。

この点を忘れてはならない。階段を昇りながらクレッシェンドで高まってくる期待、このアヴァン・グーがなければ、本編のオペラにしろ買い物にしろ、ほとんど無意味なものになってしまうといっても差し支えはないのである。

「穹＋」（ランダムハウス講談社、２００７年12月号）

ヴァンドーム広場　リシェスな場所、ヴァンドーム

　ヴァンドーム広場に立つと世界中の富（リシェス）がここに集まっているという印象を受ける。事実、ブシュロン、カルティエ、ショーメ、ヴァン・クリーフ&アーペル、ブルガリ、ピアジェ、パテック・フィリップ、ブレゲ、ロレックス、シャネル、ディオール、ルイ＝ヴィトンなど高級宝飾店や高級ブランドの時計・宝飾部が軒を並べているし、世界最高級ホテルのリッツもここにある。

　ではいったいどのような経緯からヴァンドーム広場は世界中のリシェスを集めるスポットになったのだろうか？

　ルイ十四世治下でパリの都市計画が進んだのは不思議なことにヴェルサイユ宮殿が完成し、宮廷がルーヴルからヴェルサイユに移ってからのことである。都市計画の主体となったのは建築長官ジュール・アルドゥアン＝マンサール。アルドゥアン＝マンサールはパリには太陽王の栄光を広く知らしめるような壮麗な広場がないことを嘆き、まずヴィクトワール広場を建設すると、次に元ヴァンドーム公（アンリ四世の庶子）の邸宅があった土地

を買い取り、長方形の広場を建設することに決めた。一六八五年のことである。名称は「ルイ・ル・グラン（ルイ大王）広場」。広場の中央にはジラルドン作のルイ十四世像が設けられることになっていたが、銅像が一六九九年に完成したときには、広場の設計が変わり、長方形の四隅が切られた変形八角形に変更されていた。

設計変更の理由は戦争による財政難で公共建築だけで四方を囲むことが難しくなったためである。アルドゥアン＝マンサールは一計を案じ、広場だけを造って周りの敷地は一般に売り出すとき、所有者がバラバラな建物を建てる可能性を封じるためにファサードだけを自分で設計し、後ろの建物は所有者の自由に任せることにした。

この方針転換が、ある意味、ヴァンドーム広場の運命を変えたのである。というのも、もし公共建築に囲まれていたら、世界中の富が集まることはなかったはずだからである。ところが、私有の建物が広場を囲むことになったので、大金持ちが高級アパルトマンを欲しがって集まり、それを目当てにした高級品のショップがファサードの一階を占拠することとなったのである。

この傾向は、十八世紀に社会格差が広がると加速していった。まず、幼いルイ十五世の摂政となったオルレアン公フィリップのもとでバブル政策「システム」を遂行したスコットランドの財政家ジョン・ローが十五番地のグラモン館に住んだが、このグラモン館は一八九七年にセザール・リッツに買い取られ、翌年に世界の賓客を迎えるリッツ・ホテルとして開業した。リッツ・ホテルの歴史を綴れば、一巻の本では足りないくらいにたくさんの有名人がここに宿を取っている。

その他の建物の多くは徴税請負人と呼ばれた金満家たちによって所有されていたが、一七八九年の大革命でこれらの金満家たちは一掃され、広場の名称も「スペード広場」と変わり、ルイ十四世の銅像も撤去された。

ヴァンドーム広場にとって大きな変化はナポレオンの時代に訪れた。なによりもラ・ペ通りの開通でグラン・ブールヴァールへのアクセスが確保された影響が大きい。これにより、当時の高級住宅街ショセ゠ダンタン地区から散策場所であるチュイルリ公園へのコースが定まり、その中間点にあるヴァンドーム広場に富が流れこむようになったのである。ナポレオンはそれを見越したかのように、広場の真ん中にアウステリッツの戦いで分捕った大砲を鋳造し直したヴァンドーム塔を置き、頂上にカエサルの格好をした自身の銅像を据えた。銅像は七月王政期に伍長姿のナポレオンに置き換えられた。パリ・コミューンのさいには画家クールベの提唱で塔が切り倒され、ナポレオン像も破壊されたが、コミューン後、後悔したクールベが資金の一部を提供して塔は再建され、ナポレオン像も元に戻されて今日に至っている。

ヴェルサイユ宮殿が公的建築物の頂点であるとすると、私的建築物のそれはヴァンドーム広場である。あくまで個人的なものであるリシェスにふさわしいスポット。それがヴァンドーム広場なのである。


『Richesse』Winter No.18（ハースト婦人画報社、２０１６年11月）

マレ地区　フランス社会史家の楽園。

今年の初め「アルシーヴ・ナシオナル（フランス国立中央文書館）」を三十二年ぶりに訪れた。メトロを降りてアルシーヴ通りを北上すると、中世風のドンジョンが見えてくる。そこがアルシーヴ・ナシオナルである。公文書を一カ所に集約するために一七九四年に法が整備され、帝政下にマレ地区のスビーズ館に開設されて現在に至っている。宗教戦争の旧教同盟の盟主ギーズ家の所領だったスビーズ館のファサードが面していたのは現在のアルシーヴ通り（一八七四年に四つの通りが連結されてこの名が付いた）だが、いまでは入口は直角に交差するフラン・ブルジョワ通りにある。スビーズ館は現在、国立中央文書館附属の「フランス歴史博物館」として使用されている。訪問時には魔女狩りからパリ解放直後のコラボ狩りに至る女性の受難の歴史の展覧会「女、推定有罪」が開催中だった。

では肝心の「アルシーヴ・ナシオナル」の収蔵品はというと、こちらは隣接の「ロアン館」に置かれている。玄関を入ると女性の受付係がいたので、サン・ジャック通りにあったバッセという版画商の創立日時を知りたいというと、大革命前なら当館、以後ならピエールフィット＝シュル＝セーヌの新館に収蔵されているから、まずはコンピューターで該当書類を検索するようにと指示された。さっそく検索すると一八〇八年にパリの公証人に商業登録を行った原本ありと一発で出てきた。ということはピエールフィット＝シュル＝セーヌまで行かなければならない。

しかし、それにしてもなんとアクセスが便利になったことか？　三十二年前に初めて訪れたときには閲覧まで越えなければ山がいくつかあり、じつに面倒くさかった。登録には大使館からの紹介状か大学の指導教授の紹介状が必要で、探している書類にたどり着くまでカード探索に時間がかかり、ようやく所在がわかっても今度は無愛想な職員との問答という難関が待っていた。

それがいまでは、毎週、閲覧や検索のための講習会が開かれ、子供のときから歴史文書に親しませるための教育が成されているという。隔世の感を禁じ得ない。商業取引まですべて文書を保存するという原則が開館当初から貫かれていたため、歴史家、とりわけ最近勢いを増してきた社会史家にとってこれほどありがたい施設はない。フランスに優れた歴史家が輩出するのもむべなるかなである。

「東京人」4月号（都市出版、2017年3月）

メニルモンタン　パリと東京がクロスする

一九五四年のメニルモンタンは貧しい労働者の街であった。カルネの「天井桟敷の人々」でアルレッティ扮する女芸人ガランスは坂の上の明かりを見つめながら、母はメニルモンタンのお針子で私生児として私を生んだと主人公のドゥビュローー（ジャン＝ルイ・バロー）に語っていたが、たしかにメニルモンタンは六〇年代まで『レ・ミゼラブル』のファンティーヌのようなシングルマザーにふさわしい街だった。

やがて、七〇年代にメニルモンタンは住人を変える。高度成長期にアルジェリアやチュニジアなどからフランスにやってきたアラブ系の移民労働者たちが集住するエスニックタウンに変貌したからである。昔からの住民は他の地区に脱出し、大家も高い家賃が取れないからとメンテナンスを怠ったため、街は荒廃し、治安も悪化した。私は七〇年代の末に初めてメニルモンタンを訪れたが、確かに夜は一人では歩けない街だった。

だが、二十一世紀に入ってメニルモンタンはもう一度、相貌を変える。グローバル化が進み、パリに住みたいという裕福な外国人がアパルトマンを購入し始めたことがきっかけとなり、開発業者がそれまで放置されていた十九区、二十区という地区で地上げを開始したのだ。家主たちはこれ幸いと土地売却に応じ、移民労働者たちは郊外の団地に追いやられた。老朽家屋は取り壊され、小ぎれいなアパルトマンが建てられ、ボボ・シック（ブルジョワ・ボヘミアン・シック）と呼ばれる自由な生き方を求める若者たちが集まってきた。そのボボ・シックたちが造った盛り場がバスチーユであり、オーベルカンフである。いまやメニルモンタンやベルヴィルなどはかなり裕福な街の一つになっており、アルレッティが見上げたような労働者街は消え去っている。

こんな歴史を知って、木村伊兵衛の「霧のメニルモンタン」（パリ、一九五四）を眺めてみると、別の見方ができるのではないか？

煙突から吐き出される煙が霧と混じってスモッグとなり、坂の街を覆っている。アパルトマンにはガスはなく、みんな暖炉に薪をくべて暖を取ったり、料理をしていたのだ。メニルモンタンはまだボードレールの時代のパリとほとんど変わっていなかった。風呂はもちろん、上下水道さえ通っていないアパルトマンが大半だったから、地域には必ず公衆浴場があった。街には労働者たちの生活の匂いが満ちていたはずだ。

そんな中を、郵便配達員がひとり、左手に手紙の束を抱えながら坂の階段をゆっくりと下りてゆく。郵便配達員は貧しい庶民の住むアパルトマンの管理人の妻に手紙の束を渡し、各戸への分配を頼むことだろう。

そのさいには、二人の間で軽口が交わされ、笑い声がアパルトマンの玄関に響いていたのかもしれない。路地には子供たちが遊ぶ声がこだましていたのだろう。

木村伊兵衛「霧のメニルモンタン」

まだ移民問題でフランスが二つに引き裂かれる前の古き善き時代のパリ。みんな貧しかったけれど、労働者の連帯というものが素朴に信じられていた頃のメニルモンタン。

一九五四年にパリを訪れた木村伊兵衛は、ドワノーやカルティエ＝ブレッソンの撮ったパリを求めて街中を歩き回ったあげく、メニルモンタンに行き着いて、ようやく自分が求めていたパリを見いだしたと感じたにちがいない。

昭和十一年の東京下町を思い出しながら、自分の「過去」に向けてシャッターを切っていたのだろう。

パリと東京が一瞬、クロスする写真である。

「アサヒカメラ」10月号（朝日新聞出版、2016年10月）

ゴブラン界隈　ブランシュ姫と不二家とネオンの関係

横浜とはいえ、南部の半農半漁の田舎町で育ったせいか、小学校に上がるまでは、とんと、ネオンサインなるものにはご縁がなかった。

「これがネオンか」とはっきり意識したのは、小学校三年生のときのことである。今は亡き叔父に連れられて東京後楽園球場に巨人・国鉄戦のダブルヘッダーを見に行った帰り、有楽町駅で国電（現在のＪＲ）を降りた瞬間、有楽座の大きな映画看板が目に入った。びっくりして視線を上げると、そこに、銀座四丁目の交差点あたりでまばゆく輝くネオンサインの群れが見えたのである。

このときのことは、いまでもはっきりと覚えている。流行歌に歌われている「大都会（メトロポリス）」とはこういうものかと、初めて納得がいった記憶があるからだ。ネオン・サインとは、私にとって大都会そのものの象徴と映ったのである。

有楽町駅の階段を降り、駅前の雑踏を抜けて数寄屋橋の交差点に出ると、そこにはフランク永井の歌にあるような「ネオンの海」が拡がっていた。

なかでも、私の目をひきつけたのは、不二家の「フランスキャラメル」のネオンサイン。テレビ・アニメ「ポパイ」のコマーシャル・タイムに流される不二家レストランの映像に映っていたあのネオンサインである。

昭和三十三年当時の日本においては、都会と田舎の文明度はそれこそ「隔絶」していたから、テレビのコマーシャルに映るような豪華な（と、その頃には思われたのだ）レストランが本当に実在するのか信じられなかった。三色旗に金髪・色白のフランス人少女を配した「フランスキャラメル」の明るいネオン・サインは、私に強い印象を残した。極端にいえば、これが文明との出会いだったのである。

いまにして思えば、私が後にフランス文学や歴史を専門とするようになったのは、案外、このときに見た「フランス・キャラメルの女の子」のイメージが潜在意識に残っていたからかもしれない。

その後、フランスとネオンが私の頭の中で結びつくことはなかったのだが、二年ほど前、パリは十三区にあるゴブラン界隈を歩いているとき、偶然、「あるもの」に遭遇して、ネオンという言葉が久しぶりに頭の中に蘇ってきた。

ゴブラン界隈というのは、その昔、ゴブラン織りで知られる織物工場や鞣革工場があった地域で、セーヌの支流ビエーヴル川が流れる岸辺に無数の工場が立ち並んで、汚染物質を垂れ流している公害地区として知られていた。いまでは、そうした工場は一掃され、跡地に庶民的な公園ができているが、私は十九世紀の歴史家なので、消えたビエーヴル川の痕跡を求めて、ゴブラン地区を散策していたのだ。

するると、突然、異様な建築物が視界に飛び込んできた。中世風の尖塔と切り妻屋根のある御伽噺に出てくる城のような建物である。

これは、伝説によって聖王ルイの王女であったブランシュ・ド・フランス（カスティリアの王子フェルデナントの妃〔レンヌ〕であったためレンヌ・ブランシュと呼ばれていた）が住んだ城郭とされているが、実際にはレンヌ・ブランシュが住んだ建物を買いとったゴブラン織りの始祖ゴブラン兄弟が改築した建物らしい。のちには、この「レンヌ・ブランシュの館」は、鞣革工場の作業場として使われ、ビエーヴル川に廃液を流していたが、政令で鞣革工場が移転すると、敷地は別の工場によって占められることとなった。

と、いささかネオンとは関係のなさそうなことを述べてきたが、ようやく、ここでネオンの話に戻ることができる。というのも、新たにレンヌ・ブランシュの館のある敷地に越してきた工場というのが「コンパニ・フランセーズ・ド・ネオン」というネオン会社の所有だったからである。つまり、私がゴブラン界隈を散策中に目撃した中世風の尖塔と切り妻屋根の建物は、いまはネオン会社の工場に囲まれるかたちで建っているのだ。

私は、この意外な組み合わせに遭遇したとき、「《レンヌ・ブランシュ》にネオン会社か」とつぶやいてから、その不思議な暗号に、思わず膝を打った。

というのも、レンヌ・ブランシュのブランシュとは人名だが、同時に色の白い女の子に与えられるニックネームでもある。それが「コンパニ・フランセーズ・ド・ネオン」に囲まれているということは、あのフランスキャラメルのネオン・サインそのものではないか？　いささかこじつけ気味といわれるかもしれないが、私は、そのとき自分の職業選択の原点になったのかもしれないこの「フランス・ネオン・色白の女の子」という組み合わせにある種の感動を覚えた。

そう、フランスキャラメルのネオンに導かれてフランス文学の世界に入った私は、無意識のうちに、失われたレンヌ・ブランシュを求めて遍歴を続けていたのかもしれない。それがこうして、意外なかたちで「見いだされた」のである。

「Neos」100号(日本サイン協会、2007年3月)

モンマルトル　芸術家たちの街モンマルトル

モンマルトルの坂を登っていくとマルセル・エーメ広場という小さな広場に出る。「そういえばエーメはノルヴァン街に住んでいたはず」と思いながらノルヴァン街の方向に目をやると、頭と手足を突き出して壁を通り抜けようとしている男の彫像が目に入る。ミュージカル好きな人なら「あっ、壁抜け男！」と叫ぶにちがいない。

事実、それは『壁抜け男』を主題にした彫像で、モデルはマルセル・エーメなのである。彫像の作者はジャン・コクトーの名作『オルフェ』の主演者ジャン・マレー。ノルヴァン街の住人だったエーメを記念して「壁抜けマルセル・エーメ」の彫像を広場につくろうという話が持ち上がったとき、友人だったジャン・マレーが手を上げて彫像を制作したのだ。ちなみに彫像の顔と右手はエーメを、左手はジャン・コクトーのそれを模しているという。

それはさておき、モンマルトルにはこのマルセル・エーメ広場のほかにも、モンマルトルゆかりの芸術家や作家などの名前を冠した通りや広場がたくさんある。

歴史をひもとくと、モンマルトルは一八六〇年にパリに合併されたと出ている。ナポレオン三世のもとでパリ大改造を推し進めていたセーヌ県知事オスマンがパリを囲む村々を合併してパリの市域を拡大させた結果である。

しかし、それにしてもなぜモンマルトルだけが芸術家や作家たちが集住する「芸術家村」になったのだろうか？

一つには、パリの最大の目抜き通りだったイタリアン大通りとモンマルトル大通りに比較的近かったということがある。この二つの大通りの北側にはパリ第九区が位置しているが、パリ拡大までは芸術家たちの多くがこの九区のヌヴェル・アテーヌ街区に住んでいた。ドラクロア、ショパン、ジェリコなどだ。ところが、オスマンの大改造で地価が高騰したため、若い芸術家たちは九区に住めなくなり、新街区のモンマルトルに移住することになった。

九区から十八区への芸術家の集団移動を決定づけた動因はもう一つある。それはモンマルトルの丘にたくさんあった製粉業者の風車小屋が蒸気機関の発達で空き家となり、非常に安い値段で貸しに出されていたことである。天井が高いうえに、南斜面で採光が良いということで、アトリエを探していた画家たちにとってはお誂え向きの物件だったのだ。

しかし、モンマルトルが完全な「芸術家村」になるにはまだ決定的なものが欠けていた。それはカフェである。カフェがないと貧しい芸術家たちは生きていけなかったからだ。

なぜだろう？

アトリエには暖炉も台所もないため、貧しい芸術家たちは暖を取り、食事し、明るいところで読書するためにもカフェを必要としていたのだ。しかし、それ以上に芸術家たちがカフェを欲していたのは、そこに行けば志を同じくする芸術家たちと熱い議論を戦わせることができたからである。ところが、第二帝政期にはこれといったカフェがモンマルトルにはなかった。

　そんなとき坂下のピガール広場九番地にカフェが誕生した。名前は「カフェ・ド・ラ・ヌヴェル・アテーヌ」。一八七一年のことだ。そのすぐ後に同じピガール広場の、通りを挟んだ向かい側の七番地に「死んだネズミ（ラ・モール）」という不思議な名前の「カフェ・デ・ラ・モール」が開業した。この二つのカフェは開店当初は閑散としていたが、一八七五年を境に芸術家たちのたまり場となる。それまでモンマルトルから少し離れたバティニョール通り（現在のクリシー大通り）にあった「カフェ・ゲルボワ」を拠点にしていたマネ、ドガ、モネ、ルノワールなどの印象派の画家たちが大挙して「ヌヴェル・アテーヌ」に移動してきたからだ。やがて芸術家たちの一派は「ラ・モール」に拠点を移すようになり、二つのカフェが互いに対抗しあいながら、芸術家たちとともに繁盛していったのである。

　一八八一年、モンマルトルが大きく変わる出来事が起きる。芸術キャバレー「シャ・ノワール」の誕生である。中途半端な芸術家で、ボヘミアン暮らしをしていたロドルフ・サリスは親の援助でキャバレーを開こうと思い、アヴァンギャルド芸術家集団イドロパットの頭目だったエミール・グードーに相談したところ、下手な出し物よりも自分たちの会話の方がはるかに面白いといわれ、舞台の芸人ではなく観客席のトークを売りにするキャバレーをロシュシュアール大通り八四番地に開くことにした。これが「シャ・ノワール」である。サリスが知り合いのヴィレットやスタンランといった画家たちを総動員して宣伝につとめたおかげでキャバレーは大ヒットしたが、モンマルトルという場所がら品の良くない観客が多いので、一八八五年にはサリスは「シャ・ノワール」をラヴァル街（現、ヴィクトール・マセ街）に移す。

空き家となった店に入居したのは「ミルリトン」というキャバレーだった。主は「シャ・ノワール」の人気歌手だったアリスティッド・ブリュアン。ブリュアンはあまりに客の入りが悪いので、腹立ち紛れに客席にいたブルジョワの客を罵倒したところ、これが大受けしたため、以後、罵倒芸を売り物にする。このブリュアンに気に入られてポスターを描いたのがトゥールーズ・ロートレックである。ロートレックはそのポスターでもう一件の店を有名にする。

一八八九年に開店したダンス・ホール「ムーラン・ルージュ」である。「ムーラン・ルージュ」はそれまでのダンス・ホールとは一味違う工夫を凝らしていた。それはセミ・プロのダンス・クイーンたちを雇ってカドリーユ・ナチュラリスト（いわゆるフレンチ・カンカン）を踊らせたことだ。ロートレックは一番人気のダンス・クイーン、ラ・グリュが脚を思いきり蹴り上げたシーンを見事にポスターに定着している。

このように世紀末のモンマルトルは芸術家や文人、それに彼らを目当てにやってきた観客たちでどの店も大繁盛を続けたが、やがて「芸術家村モンマルトル」の噂は外国にも広まっていき、スペインからはピカソが、オランダからはヴァン・ドンゲンが、イタリアからはモジリアニが、そしてルーマニアからはブランクーシがモンマルトルを目指してやってくる。彼らが居着いたのは斜面に建っていた三階建てのアトリエ「バトー・ラヴォワール」だった。彼らはセーヌの浮かぶ洗濯船に似ていたところからその名がついたこのアトリエで昼は制作に励み、夜はモンマルトルのカフェやキャバレーで激しく議論を交わしながら、二十世紀芸術をつくりあげていくことになる。しかし、一九二〇年代にモンパルナスが台頭すると、大挙してモンパルナスに移動していき、二度と戻ることはなかった。モンマルトルの黄金時代はこうして終わりを告げた。

マルセル・エーメはモンマルトルを見捨てずに居残った芸術家グループと親しかった作家の一人で、ノルヴァン街に居を定めるまで、モンマルトルの各所を転々としている。エーメの作品にモンマルトルがしばしば登場するのはそのためである。

今日、モンマルトルは再び活況を呈している。それはイラストレーター、バンド・デシネのマンガ家、ウェブ・デザイナー、コンピューター・グラフィックのアーティストなど新時代の芸術家たちがモンマルトルの自由な雰囲気と住みやすさを再確認してバスチーユやオーベルカンフなどからモンマルトルに移住してきているからだ。おかげで、モンマルトルのカフェは夜中まで満員の盛況である。

彼らは、国境を越え、言葉の壁を越え、人種の壁を越えようとしている二十一世紀の「壁抜け男」「壁抜け女」と言えるのではないだろうか？

『壁抜け男』東京公演プログラム（劇団四季、２０１６年10月）

Ⅲ

パリの本屋さん

知的遊戯の宝庫、パリの古書店巡り

装丁が命、フランスの古書文化

日本とフランスでは、古書店というもののイメージがまったく異なる。その相違は古書というものの捉え方の相違から来ている。

日本の場合、新刊書店で購入した本に購入者が手を加えることは原則としてない。古書は新刊本が経年劣化した「セコハン本」にすぎない。したがって、状態の良い古書というのは、新刊のままの状態で（つまり帯も箱もなにもかもが真空パック状態で）保存されたもののがベストとされる。また、古書の価格が高くなるのは、新刊のときの出版部数が少ないか、あるいはなんらかの理由で古書として残存しているものが少なくなった場合に起きる現象である。これに対し、フランスでは、第二次大戦前までは古書といえばそれは即、革装丁本を意味していた。新刊本を購入した人は、これにざっと目を通した後（ないしは読む前に）、装丁屋に出し、戻ってきた革装丁本をじっくりと読むのを常としていたからだ。古書として出回るのは、革装丁の済んだ本ということになっていた。

では、なぜ、こうした手間のかかることをしたのかといえば、本が出版された段階では仮綴じの状態にすぎなかったからである。そのため装丁しないで読んでいると、綴じがほどけてバラバラになってしまう。しかし、それなら、初めから堅牢な版元装丁にすればいいではないかというのは素人考えで、じつは、本の製本と装丁は二業兼務を禁止する中世ギルドの伝統で、写本の時代から分かれていたのである。それに階級差が大きく、また他人と違うことを最重要視するフランスのような価値観の国においては、「自分が選んで買った本は自分の好みの装丁を施す」のが当然とされていたのだ。

よって、本は、新刊のときには平等でも、「誰に所有されたか」によっておおいに格差がつくことになる。金持ちに所有された本は豪華装丁に、貧乏人に所有された本は貧弱な装丁になるという、ある意味、人間と同じような運命をたどったのである。たとえば、同じディドロ＝ダランベールの『百科全書』でも無名のブルジョワが所有していた本と王妃マリ・アントワネットが所有していた紋章入りの本とでは、古書価格に数百倍の差が出てくることになる。このように、それぞれの所有者が思い思いの装丁を施すから、最終的には「同じ本は一冊もない」ということになるのだ。

そして、この原則は古書店にそのまま持ち越され、古書店の「格差」となって表れるのである。つまり、フランスの古書店は、フランスが格差社会（というよりも階級社会）であるのに応じて、階級分化が著しいと言える。

ジョルジュ・ブラッサンス公園の古書市

さて、以上のような観点をあらかじめ頭に入れておくと、フランスの古書店というものを理解するのがだいぶ容易になる。つまり、一口にピンからキリまでと言っても、そのピンとキリの差は日本の比ではなく、同じ古書店という名称でこれを一括りにしてはいけないのである。

古書店初心者に勧めたい古書市

では、ここにフランス古書店初心者がいて、ピンの方は恐ろしいから、キリの方から古書店を巡っていきたいと思っているとしよう。その初心者はどこを訪れたらいいのか？

私は、パリの南の外れのジョルジュ・ブラッサンス公園で毎週土日に開催されている古書市をお勧めしたい。ジョルジュ・ブラッサンス公園は、かつてヴォジラールの屠畜場があった場所に三〇年ほど前に造られた公園で、古書市はその一角のパヴィリオンで開催されている。出店しているのは全員プロで、それぞれの売り台（これをスタンドという）に自分が集めてきた古書を並べているが、レベルはまちまちで、セコハン本もあれば、革装丁の古書もある。そうじて状態は良いとはいえないが、その分、価格は低めである。ただし、これはという本にはそれなりの値段がついているので、思ったほど掘り出しものはないが、フランスの古書というものの「下のレベル」を見るには最適の場所といえるだろう。日本人観光客もよく足を運ぶヴァンヴの蚤の市から徒歩で十五分ほどのところにあるので行きやすい。バスならポルト・ド・ヴァンヴから九十五番に乗り、ブランシオンで下車。

リブレリ・ド・ラヴニュ

　ちなみに、この九十五番のバスというのはパリで蚤の市巡りをする人のために設けられたような路線である。というのも、その両方の終点にヴァンヴの蚤の市とクリニャンクールの（正確にはサン・トゥーアンの）蚤の市があるからだ。したがって、ポルト・ド・ヴァンヴで乗った人がそのまま四〇分バスに乗ってパリを縦断すれば、クリニャンクール蚤の市の西の外れにあるポルト・ド・モンマルトルという終点に着く。

　というわけで、次に訪れるのはクリニャンクールの蚤の市の中にある古書店「リブレリ・ド・ラヴニュ」ということにしよう。ここは、環状高速道路（ペリフェリック）に沿ったマルシェ・マリック（衣料品の市場）から少し入ったところにある古い建物全部を使った巨大な店舗で、ありとあらゆるセコハン本、つまり絶版品切れの本をジャンル別に並べてあるので、私は非常に重宝している。なにか新しい連載を始めるときにはここに出掛けて関連書を一〇〇キロ分くらい買い込むこともある。店主は少し変わり者だが、悪い人間ではないので、馴染みになればいろいろと教えてくれる。中二階になったところにはセコハン本ではなく、ちゃんとした古書（十九世紀本）を扱う別の古書店がある。価格、状態ともにまずまずといったところ。ここでフランスの古書店とはこういうものかと当たりをつけておくといい。

パリの古書店と上手につきあう作法

こうして蚤の市の中にある古書店で小手調べをしたら、いよいよ、パリの市街に出て古書店の扉を押してみることになるが、そのさい、あらかじめ注意しておかなければならないことがある。

それはパリの古書店に入るときには、個人の家を訪れるのと同じ心構えが必要だということ。日本の古書店のように黙って入って黙って出てくることは許されない。入店するときは店主の目をしっかりと見て「ボンジュール」と声を掛け、退店するときには「メルシ。オ・ルヴォワール」と別れの挨拶を交わすという最低限の礼儀を守らなくてはならない。それだけではない。もう一つ、是非とも心がけておく必要があるのは、自分が探している本の題名か著者名くらいは言えるようにしておくことだ。というのも、入店して「ボンジュール」と呼びかけると、かならず店主が立ち上がって寄ってきて「ケスク・ヴ・デジレ？（何をお探しでしょうか？）」と尋ねてくるからだ。このとき具体的な書名や著者名が言えればいいが、そうでない場合は窮余の一策として次の言葉を口にする。すなわち「アン・ク・ドゥーユ？」あるいは「オン・プ・ヴォワール？」。どちらも「見てもいいですか？」という表現で、これさえ言っておけば、「ウイ・ビヤン・シュール（もちろんですとも）」という答えが返ってくるから、心ゆくまで棚を眺めることができる。

さて、以上の礼儀をわきまえたうえで、いよいよ店に入るわけだが、では、どんなところに古書店がまとまって存在しているのかといえば、左岸だったら、オデオン界隈。右岸だったら、フォーブル・サントノレ界隈ということになるだろうが、それとて点在しているというレベルで、日本の神田神保町のようなわけにはいかない。

このうち、オデオン界隈というのは、セコハン本屋から高級店までいろいろとヴァラエティーに富んでいるので、見て歩くのに楽しい。通りでいえば、オデオン通り、トゥルノン通り＝セーヌ通り、それにボナパルト通りが古書店の多い通りとして知られる。

ただ、どこも強烈な個性の店主なので、「パリの古書店というものがどんなものか見てみたい」というレベルの好奇心で訪れると、拭い消せないほどのトラウマを受けることになるから要注意。

老舗の名店、その格式と主のエスプリ

なかで、比較的に応対がよく、日本人にとっても好奇心がわくのは、オデオン通りの「ジュール・ヴェルヌ書店」だろう。というのも、この店は、その名の通り、エッツェル書店が大量に発行したジュール・ヴェルヌの「驚異の旅」シリーズを中心に扱っており、そのほとんどが挿絵本なので、手に取って眺めるには最適だからだ。カルトナージュと呼ばれる版元装丁の布装丁本だが、値段は安くて五〇〇ユーロ（約六万二五〇〇円／二〇一三年二月一八日現在）、高いものだと二〇〇〇ユーロ（約二五万円）になるから、そう簡単に買えるものではない。

もう一軒、比較的良心的な対応をしてくれるのが、ボナパルト通りの老舗ピカール書店。ここは大きな書店で、歴史書を中心にありとあらゆるジャンルを取り揃え、店員も比較的親切なので、初心者には向いているかもしれない。［残念ながらピカール書店は閉店。現在は、ピカール書店古書部出身の店主のやっているテセードル書店が入っている］

これと反対に、年収一億円以上の人でないと敷居が高いのがセーヌ通りのカミーユ・スルジェ書店。ここは、「フランスで一番高い店」と呼ばれたオルレアンのスルジェ書店から、娘さんが独立して造った超高級書店の一つで、最低百万円からの品揃えである。いつか取材のために撮影をお願いしたら、店内風景ならOKだが、店主御本人は「撮影なら、メイクする必要があるから」という理由で撮影拒否にあった。代わりにアルバイトの娘さ

んがモデルとなってくれた。

これと同じような格式の店が並ぶのが、右岸の高級住宅地のフォーブル・サントノレ通りだが、なかで一軒といったらブレゾ書店に止めをさすだろう。

というのも、スルジェ書店が「フランスで一番高い店」だとしたら、ブレゾ書店は「パリで一番高い店」として知られ、「客を選ぶ店」として有名だったからである。げんに、私も三〇代に初めてこの店を訪れたときには、慇懃無礼な番頭から「おととい来い」という応対をされて心に深い傷を負った。

ところが、昨年の正月、どうしてもジョルジュ・バルビエ挿絵、マルセル・シュオッブ作の『架空伝記集（ヴィ・シマジネール）』を入手する必要があったので、清水の舞台から飛び降りるつもりでブレゾ書店の敷居を跨いだら、なんとも丁寧な客あしらいを受け、逆に、拍子抜けしてしまった。こちらが歳を重ねたせいもあるが、店自体も近代化して、昔のような応対ではやってゆけなくなったのだろう。しかし、そうなると、昔の傲慢な客あしらいが懐かしくなるから不思議なものである。

カミーユ・スルジェ

このように、パリの古書店には足をすくませるほどの超高級店もあるが、蚤の市のスタンドのような庶民的なところもある。まさに、階級社会であるフランスの有り様を古書店がよく反映しているのである。

古書店は、その国の縮図。

これが、五〇年の経験から私が得た教訓なのである。

『kotoba』11号（集英社、2013年3月）

趣味の良い本屋

パリは六区、オデオン広場に通じるカジミール・ド・ラ・ヴィーニュ通りがムシュー・ル・プランス通りと交差する角に一軒の新刊本屋がある。床面積は四坪もあるかないかの小さな、小さな本屋である。店名は「エスカリエ（階段）」。

経営者は品の良いお婆さん。地下の絵本コーナーを任されている娘さん（あるいは孫？）と二人きりで店を経営しているようだ。

店先には観光用の絵葉書なども置いてあるので、日本でいえばどこにでもある家族経営の「街の本屋」ということになるのだが、店に入ってその棚を一瞥すると、本好きの人なら「おやっ！」と思う。そして、並べられている本をさらに詳しく眺めて、「うん、これは並の本屋とは違うぞ」と襟を正すことになる。

ひとことで言えば趣味がものすごくいいのだ。置かれているのは文学と文芸評論、それに歴史関係と絵本のみだが、その一冊一冊が「選ばれてそこにある」という感じがする。

まず書店主の良き趣味（ボン・グー）という篩にかけられて選別された本が、吟味と批

エスカリエ

評を加えられたのち、ようやく店先に出ることを許されたとでもいった印象なのである。

　そのことをとりわけ強く感じるのは、二つの通りに面したショー・ウィンドーに陳列されている本。この本たちを眺めていると、全部ほしくなる。私と趣味がじつによく似ていると思うからだ。そして、現実に、そのほとんどを買ってしまうのである。

　たぶん、これほどの零細経営の本屋でもやっていけるのは、私のような固定客がついているからだと思う。店主のお婆さんの趣味を信頼して、ここで買った本なら絶対おもしろいと信じている客が少数ながら確実にいるのだ。

　フランスでも資本主義化の波が出版業界にも押し寄せて、本の寿命がどんどん短くなってきている。だが、こうした趣味の良い本屋が健在な限り、本はまだまだ大丈夫、そんな気がする昨今である。

「ＬＯＶＥ書店！」第1号（２００６年2月発行）

「ラ・ユンヌ」の謎

神保町は私にとっては理想的な現場なのだが、一つ不満を感じるのが夜遅くまで開いている新刊書店が一軒もないこと。贔屓の東京堂は午後七時で閉店だし、一番遅い三省堂も八時にはシャッターを閉める。これはいかにも寂しい。

その点、パリ、とくに左岸のサン＝ジェルマン＝デ＝プレは「ラ・ユンヌ」という名だたるインテリ本屋が夜中の二時近くまで営業してくれているから、本当に心強い。

現在、有名な「カフェ・ドゥ・マーゴ」と「カフェ・デュ・フロール」の間のサン＝ジェルマン大通り七十番地という昔ながらの場所に戻って営業を再開したこの有名店には、インテリが好むような本はすべてあるが、インテリが嫌うような本は一冊もない。この店が健在な限り、フランスのインテリ業界は安泰だと思ったりする。

「ラ・ユンヌ」は La Hune と綴る。仏和辞典を引くと「(帆船の) 檣楼」と出ている。つまり、帆船で見張り役の水夫が上って望遠鏡で水平級の彼方を見つめるマストの上の監視台である。優れた本がないかどうかウオッチングを続けるインテリ本屋にまことにふさわしい店名である。ただし、この本屋を贔屓にしているファンでも本当の意味を知らない人が少なくない。テレビの1チャンネル「TF1（テー・エフ・アン）」の俗称、「ラ・ユンヌ La Une」のもじりだと信じている人もいる。つまり、Une に発音しないHをわざとつけたものと思っているのだ。

エスカリエの内階段

ところで、先頃、古本屋でこの「ラ・ユンヌ」の歴史を綴った本を見つけたが、著者で創設者のベルナール・ゲールプランが店名の由来を説明している箇所を読んで驚いた。「ラ・ユンヌ」は、私が前回紹介した、ムシュー・ル・プランス通りとカジミール・ドラヴィーニュ通りが交差する角のあの「エスカリエ」書店の場所で一九四四年にゲールプランを含めた三人の哲学徒が開店したのだが、この角地の建物は複雑な構造になっていて、二つの通りにファサードがあり、その二軒をつなぐ内階段が、大きな帆船のメイン・マストを思わせたので、「ラ・ユンヌ（檣楼）」という言葉を連想したのだという。ちなみに今の「エスカリエ」という店名も内階段から来ている。

一九四九年に例のロケーションに移ってからは折からの実在主義の大流行の波に乗って、

作家たちに信頼される代表的なインテリ本屋に成長してゆく。

神保町にも「ラ・ユンヌ」のような深夜まで開いているインテリ本屋があればいいのだが。こう思うのは私だけではあるまい。

［ラ・ユンヌは、二〇一二年に家主がモエ・ヘネシー・ルイ・ヴィトン・グループに代わったため、一旦閉店、その後、再開されたが二〇一五年に閉店。跡にはルイ・ヴィトンのフラグ・シップ店が入る予定だったが、計画が変更されて、「ラ・ユンヌ」というギャラリーになっている。二〇一八年、ボナパルト通りに「ラ・ユンヌ」がリニューアル・オープンしたが、これは元の「ラ・ユンヌ」とは直接関係がないようだ］

「LOVE書店！」第2号（2006年7月発行）

フランス的な合理システム

パリで学生生活を送ったことのある人ならだれでも一度はお世話になる新刊書店にジベール・ジューヌ〈Gibert Jeune〉という店がある。サン・ミシェル大通りに面した大型書店で、パリ大学の指定国書を一手に扱っているから、登録した課目の教科書を買おうと思ったら、どうしてもここに足を運ばざるをえないのだ。フランスの大学には日本の生協のような仕組みはないので、ジベール・ジューヌが一手独占ということになる。

ところで、このジベール・ジューヌ、ノートや文房具なども売っているのは日本の生協と同じだが、一つだけ大きく異なっている点がある。それは、学生から使用済み教科書を買い取り、それをセコハン本として再販しているところである。価格は六割から半額くらいだから、かなり人気がある。早目に行かないとすぐ売り切れになる。

しかし、私がジベール・ジューヌに足を運ぶのは、こうしたセコハン本のためではない。狙い目は、日本でいうゾッキ本、すなわち、版元が倒産したり整理したりで大幅割り引きになっているバーゲン本である。フランスではなぜか、このバーゲン本にはグラフィックな大型本が多い。毎度、同じ出版社の本が並んでいるところをみると、初めからバーゲン・プライスとなることを想定して価格設定しているとも思える。いずれにしても、新刊書店では手に入りにくい豪華本が半値で買えるのはありがたい。とくに、絵画関係とパリ関係のグラフィック本を求めている人は、まずジベール・ジューヌを覗いてから新刊書店に回ることをお勧めする。

ジベール・ジューヌで変わっているのは、もう一つ、その会計方法である。というのも、ジベール・ジューヌでは、客が本を選び店員に渡すと、店員は受け取った本の名前と値段を受付表に書きつけるだけで、会計はしてくれない。会計は、別のところにあるレジでするのである。では、会計が済めば本を受け取れるのかというと、さにあらず、本の受け取りは出口の受け取り場でするのだ。なんとも不可解なやり方だが、フランス人はこれを合理的と思っているらしい。金を扱うのは一部の幹部店員に限定し、平店員による現金抜き取りを防ぐという性悪説に基づいたシステムなのである。さすがに、コンピューター導入後は少し簡素化されたようだが、それでも、平店員に会計させないところは変わっていない。ジベール・ジューヌに行くだけで、日仏の本屋の違いがよくわかるのである。

「LOVE書店!」第3号（2006年10月発行）

シャントリーヴルで絵本をみつける

パリに行ったら、フランスの絵本を買って帰りたいという女性が少なくない。フランス語は大学の教養課程で履修したきりだが、絵本ならなんとかなるのではないかと考えるらしい。

実際には、絵本のフランス語というのは学校文法からするとクセがあり、案外、理解しにくいところもあるのだが、まあ、それはいいとしよう。絵本を買う人にとっては、絵の方が重要だからだ。

では、フランス絵本の絵の質はというと、これが近年、驚くほど向上している。絵自体もさることながら、印刷・製本技術がここ十年で目に見えてよくなっているのである。

おそらく、コンピューター技術の導入によるものだろうが、二、三十年前の惨状を知る者にとっては隔世の感がある。

七十年代から八十年代にかけてフランスの絵本はどん底の状態にあった。隣国のイタリアは絵本大国なのに、フランスの絵本はアメリカニズムの影響か、かなり悪趣味な絵柄のものばかりで、印刷・製本技術もいたってお粗末、とうてい買う気になれないものばかりだった。子供の数が少なく、金が絵本業界に回ってこなかったからなのだろう。

　ところが、ここにきて、ＥＵ諸国の中でフランスは例外的に空前のベビー・ブームに湧いているせいか、絵本がどんどんきれいになり、センスの良い画家たちが絵本を手掛けるようになってきたのである。

シャントリーヴル

　その結果、パリに行くたびに、大量の絵本を買いつけることになったのだが、では、どんな書店で購入しているのかというと、たいていはこの「シャントリーヴル」である。

　ボンマルシェ・デパートに向かうセーヴル通り十三番地という好立地にあり、広い間口のショー・ウィンドーに最新刊の絵本がたくさんディスプレイされているので、パリに不慣れな人でも見つけやすい。厳密な意味では絵本専門店ではないが、絵本とバンド・デシネ（フランスの漫画）が主力商品で、相当の点数を揃えている。同じ本を出版社別、テーマ別、国別、画家別というように複数の分類コードをかぶせて棚分けしているところは、いかにも理性の国フランスらしいが、そうした分類にはあまり気を配らずに、アトランダムに探していけばいい。あまりに数が多いので短時間ではなかなか全部見て回れないのが玉に瑕である。

レジで頼めば日本にも郵送してくれる。絵本は重いからこのサービスはありがたい。

「ＬＯＶＥ書店！」第４号（２００７年2月発行）

美術館付属の書店をめぐる悦び

日本もそうだが、あまりに巨大な書店というのは、案外、本を探しにくいものである。パリでもＦＮＡＣという大手新刊本のチェーンが各所にあるのだが、大きすぎて、どこを探せばいいかわからなくなる。おまけに、案内係として座っている店員は本のことなど何一つ知らず、しかも愛想は最悪ときているから、尋ねることさえいやになる。ＦＮＡＣの店員を見ていると、日本人書店員のレベルの高さをあらためて感じる。

だから、こぢんまりしていて、こちらの好みとぴったり合うような新刊本屋も見つけると、ひどくうれしくなるのだが、そうした店は思いのほか少ない。

そこで、お勧めなのが美術館付属の書店。ルーヴルでもオルセーでも、付属書店の品揃えはなかなかいい。ただ、どちらも美術書中心なので、歴史書好きの私には難点である。この意味で理想的なのが、カルナヴァレ美術館付属の書店。ここは、美術館の特色であるパリものに特化しているので、さながら、私のために作られたような書店となっている。ＦＮＡＣだと、日本の大型書店と同じで、発売されたばかりの本か、さもなければ売れ筋本しか置いていないが、カルナヴァレの書店では、出版されてかなり時間が経過している本でも在庫のある限り配備しているので、パリ史の基礎文献が欲しい人は、なによりも先にここを訪れるべきだろう。私は、パリに出掛けるたびに、ここで大量の買い物をするのだが、気が付くとたいてい一〇〇〇ユーロを軽く超えていて、そのたびに冷や汗をかく。

マレ地区にはもう一軒、歴史関係に強い本屋がある。ヴォージュ広場に通じるシュリー館の付属書店である。とくに、伝記の品揃えが豊かで、たのもしい存在である。

この二軒の付属書店は、すぐ近くだから、マレ地区の散策がてら立ち寄るのに最適。ただ、一つだけ注意すべきは、歴史書や美術書は非常に重いということ。調子に乗って、あれもこれもと買い込んでいると、値段もさることながら、すぐに、十キロ、二十キロに達する。最近では、飛行機の重量制限が厳しくなっているから、トランクに詰めたら、それだけで規定の重量をオーバーしてしまう。

ところで、右記の二軒の付属書店は、海外輸送を簡単に引き受けてくれるので、このサービスを利用するといい。輸送には航空便と船便があるが、船便が断然お勧め。というのも、船便のはずなのに、なぜか間違って航空便で送られてくることが少なくないからだ。過日も、船便で送ったはずが、帰国したらもう自宅に届いていた。こうしたフランス人のルーズさは大歓迎である。

「ＬＯＶＥ書店！」第５号（２００７年７月発行）

リブレリ・ド・ラヴニュ

稀覯本を探すのはそれほど難しいことではない。というのも、稀覯本の価値について古書業界の人はだれでも知っているので、インターネットで古書店カタログの検索をかければ、たちどころに一つや二つは見つかるからだ。

また、この二、三年のあいだに出た新刊本というのも見つけやすい。フランスのアマゾンを探すと、ズラリとリストが出てくる。読み終えて（あるいはまったく読まずに）、処分したいと思っている人が売りに出しているからだ。

ところが、二十年から四十年くらい前に出た本というのは案外、見つけにくいものだ。なぜなら、この時期に本を購入した世代の人はパソコンやインターネットに強くないので、素人出品者の仲間には加わっていないからである。

いっぽう、古書店はというと、この時代の本は商品価値がほとんどないため、自分の店のネット・カタログにも加えない。

かくして、古書というのでもないが、新古書というのでもない、中途半端なこの手のセ

リブレリ・ド・ラヴニュの店主と猫のコレット

コハン本はインターネット書店にはなかなか浮上しないことになる。いいかえると、どうしても欲しかったら、あまり高級ではない中級以下の古書店を、バーチャルにではなく、自分の足を使って探すほかない。

そんなときに、なんとも便利なのが、すでに名を挙げているパリはクリニャンクールの蚤の市の一角に店を構える「リブレリ・ド・ラヴニュ」である。

工場か倉庫だったとおぼしき巨大な建物を書店に改造して、ジャンル別にありとあらゆる本を並べているので、こちらに、探索している具体的なジャンルがある場合には、非常にありがたい。

ここ二、三年、私はパリのカフェやミュージック・ホールに関心を集中させていたので、いったい何度、この「リブレリ・ド・ラヴニュ」に足を運んだことか。だいたい、一回につき金額にして一〇〇〇ユーロから二〇〇〇ユーロ。キロ数にして、二〇キロから三〇キロは買ったと思う。カフェやミュージック・ホールの棚にある本を片端から買いあさった結果である。

店の主人は一見、無愛想だが、広い店内をうろついているコレットという名のキジトラ猫をこよなく愛しているので、この猫を可愛がってやると、とたんに愛想がよくなる（口絵①）。

海外発送もしてくれるので、「まとめ買い」をしたい人には最適な古書店である。

［猫のコレットは残念ながらもういない。店主は健在である］

「ＬＯＶＥ書店！」第６号（２００７年10月発行）

ブック・オフ　パリ・カトル・セプタンブル

パリに新しい書店形態が誕生！　なんのことかといえば、あのブック・オフのことなのですよ、これが。

といっても、昔からパリにあった日本の書籍を扱うブック・オフ（「ブック・オフ　パリ・オペラ」）ではなく、その斜め前に新規オープンしたフランス書と英語書を主に売買する店（「ブック・オフ　パリ・カトル・セプタンブル」）の方である。

いや、驚いたね、物価上昇の煽りを受けて、ペーパーバックでさえ七、八ユーロはするフランス書の新刊がズラリ均一の一ユーロで並べられているとは！

もちろん、その大半は日本の漫画の仏訳だったり、ベストセラー作家のペーパーバックだったりするのだが、よく見ると、私にも馴染みのある作家の名前も見える。さらに二ユーロ均一の棚を見ると、もっとましな純文系作家も。また、アルファベット順に整理された「引き取り直後本」のコーナーには、ガリマールやグラッセなどのフランス綴じの本が半額以下の価格で並んでいる。

しかし、私を一番驚かせたのは二階のグラフィック本のコーナーである。というのは、新刊本屋で大枚三〇ユーロ、四〇ユーロを費やして買った本が、なんと一〇ユーロ以下で売られていたからである。

私とてフランス古書のコレクターであるからグラフィックな本が一定の期間を過ぎればゾッキ本屋で半額になることは知っている。しかし、このブック・オフではそのバーゲン価格の半額、さらには四分の一なのである。

これには驚愕し、同時に狂喜せずにはいられなかった。なぜなら、あれもこれもと大量に買い込んでレジに持っていっても、一〇冊でたったの三五ユーロでしかなかったからだ。うーん、これは安い。安すぎる。

しかし、感激すると同時に、少し不安になってきた。日本でブック・オフが引き起こしたのと同じ現象がフランスでも起きるのではないかと危惧しはじめたのである。

ブック・オフが出来て最初に打撃を受けたのは、個人の裁量でそれぞれに値段付けをしていた零細古書店である。これらの店は、隣にブック・オフが出来たら、もう最後である。次いで被害を被ったのが、これまた零細の新刊本書店。これも同じ運命をたどった。だから、自分の権利にはうるさいフランス人は、ブック・オフが問題となるや、かならずや厳重に抗議するだろうし、極端な場合には「黄禍論」まで持ち出すかもしれない。

しかし、考えてみると、いまや、フランスでもアマゾンで簡単に新古書が安価で買える時代である。ブック・オフ的な価格破壊はネットの世界ではとっくに起こっているのである。この意味では、ブック・オフのパリ進出は、社会的には時宜を得ていたのかも知れない。だが、その分、経済的には多少、不安含みなのではなかろうか？
いずれにしろ、次回からは、パリを訪れたら一度はブック・オフをのぞいてみることになりそうである。

［その後、日本書を扱う「ブック・オフ・パリ・オペラ」は撤退］

「ＬＯＶＥ書店！」第７号（２００８年２月発行）

シェイクスピア・エンド・カンパニー

パリの古書店の中で一二を争うほどに有名で、多少の本好きならばその名を知らぬ者はない本屋がある。プシュリ通り三十七番地に店を構える「シェイクスピア・エンド・カンパニー」である。

かのジェイムズ・ジョイスの『ユリシーズ』の版元となった伝説的な書店から名称を受け継いだこの古書店、実をいうと、私は、その前を繰り返し通りながら、一度も足を踏み入れたことがなかったのである。

理由は簡単、売っているのは英語の本だけと思い込んでいたからである。だが、ヘミングウェイ、ヘンリー・ミラー、アナイス・ニンなどのパリ体験を扱った『パリの異邦人』（中央公論新社）を準備していたとき、にわかに彼らの伝記が必要になり、初めてこの書店の扉を押した。

で、結果はというと、「こんなことなら、もっと早く来ればよかった！」であった。

まず、英語の本しか置いてないというのは私の勝手な思い込みで、フランス語の本も意外にある。とくに、文学・歴史関係とパリ関係という私の専門分野は、他の書店ではお目にかかることのない珍品が多く、うれしい誤算であった。しかし、なんといっても最大の収穫は、ここに来れば、英語で書かれたパリ体験ものはほとんど揃うという事実である。他店では見つからなかったマルコム・カウリーの『亡命者（イグザイル）の帰還』、ダン・フランクの『ボヘミアン・パリ』、ノエル・ライリー・フィッチ『シルヴィア・ビーチとロースト・ジェネレーション』などの基本文献も手に入れることができた。

なぜなのだろうと一瞬考え、なんだ、そうかと腑に落ちた。ようするに、「シェイクスピア・エンド・カンパニー」に本を売りに来るアメリカ人やイギリス人、あるいは旧英連邦の人々は、みな多少ともブッキッシュな知識を介してパリに憧れ、ヘミングウェイやヘンリー・ミラー、あるいはアナイス・ニンやガートルード・スタインに倣おうと、彼らの本を携えてカルチエ・ラタンまでやってきたのだ。言い換えれば、これらイグザイル系の作家たちのパリ体験本は、ひとつのガイド・ブックとして使われていたのである。そして、ガイド・ブックであるから、彼らがひとたびパリを堪能し、パリ通を自認するようになると、もういいやという気分になる。だからこそ、帰国寸前に、荷厄介ということで「シェイクスピア・エンド・カンパニー」に売りにくるのだ。

しかし、おそらく、故国に戻ってから、彼らは、イグザイルたちのパリ体験本を売り払ったことを強く後悔することになるのだろう。なぜなら、時間がたつにつれ、彼らの記憶の中では、本の中のパリと自分が体験したパリが混然一体となり、強いノスタルジーを生み出すことになるからである。「シェイクスピア・エンド・カンパニー」で英語のパリ体験本を手にしていると、それを手放した人の思いまで伝わってくるような気がする。不思議なノスタルジーに満ちた本屋である。

「LOVE書店!」第8号(2008年7月発行)

モナ・リゼ　Mona Lisait

サブ・プライム・ローン問題でここのところ少しユーロが安くなってはいるが、それでも、フランからの切り替え時のレートが一ユーロ＝一〇七円だったことを思えば、まだまだ高い。そのため、新刊本の平均的な価格である二十ユーロでも、九月十九日現在のレートで円換算すると三〇〇〇円になってしまう。

そこで、なんとか新刊本、ないしは準新刊本を安く買えるところはないかと探すことになるが、バーゲン本屋に回る本というのはジャンルが決まっていて、われわれが求めるような文学・歴史関係というのはなかなか見つからない。

ところが、最近、良質な品揃えを謳い文句にしたバーゲン本チェーン「モナ・リゼ Mona Lisait」がマレ地区を皮切りに、シャトレ、レ・アール、グラン・ブールヴァール、ジュシュー、オデオンなどに出店し、読書好きの間で話題をさらっている。

もちろん、この「モナ・リゼ Mona Lisait」というのは、当然、モナ・リザ Mona Lisaのもじりで、意味は「モナは本を読んでいた」ということになる。

それはさておき、この「モナ・リゼ」の新機軸はどこにあるかというと、従来のバーゲン本屋が、初めからバーゲンになることを予想して高めの値段にしてあるグラフィック本を中心に扱っていたのに対し、「モナ・リゼ」は、大手の新刊書店チェーン「フナック」などが扱っているようなジャンルの本はすべて品揃えしているという点にある。建物の一階から四、五階を全部使った陳列スペースの巨大さがこの総花性を支えているのだ。

フランスでもご多分に漏れず「フナック」の新刊書店での本の滞留期間は短く、半年前の新刊はもう棚にさえ見つからないという有り様だが、もう少し待つと、つまり、一年くらいすれば、探していた本はかなりの確立で「モナ・リゼ」の棚に姿をあらわす。とにかく、扱っている本のジャンルは多様だから、かなり特殊な本でも半額から七十パーセント・オフのバーゲン価格で手に入る。

この意味で、「モナ・リゼ」は、ブランドのファッション・ブティックに対するところのアウトレットに等しいといえる。つまり、本のアウトレットなのだ。

ところで、本のアウトレットである以上、ファッションのアウトレットが持っていた長所と短所を同時に持っているのはいたしかたない。大変な高額本が破格の値段で手に入る反面、どうしても欲しかったというような本に限って品切れになり、「モナ・リゼ」には回ってこないのだ。やはり、本当に欲しい本は新刊書店で買い求めるべきなのである。

とまれ、ユーロが高止まりしている折、こうした新しいタイプのバーゲン本屋が本好きの救世主であることに変わりはない。

「ＬＯＶＥ書店！」第９号（２００８年10月発行）

ボン・マルシェ書店

ニューヨークやロンドンと比べて、パリの方が明らかに劣っていると思われるものの一つに、新刊本書店の「居心地」がある。ニューヨークやロンドンでは、客が本を選ぶために「座り読み」のできる椅子やテーブルが設けられているところが多いのに、パリでは「立ち読み許すまじ」の気風が昔から強いのか、こうした居心地のいい新刊本書店があまりなかった。少なくとも、私が定宿としているホテル付近のサン゠ジェルマン゠デ゠プレ界隈では感じのよい書店は多いのに、座り読みまで許されているところは皆無に近かった。

ところが、今回、ボン・マルシェ・デパートの食品館に立ち寄ったついでに、その地下をのぞいてみて驚いた。そこには、座り読みOKの素晴らしい書店があるではないか！これはうれしい不意打ち（シュルプリーズ）である。

まず、デパート地下という空間から連想するような狭苦しさがないのがいい。書棚の配列もゆったりしたもので、大型書店のフナックのような「所狭し」という印象がない。

次に、たくさんの本をまとめて運ぶためのカートがいたるところに置いてあるのが気にいった。というのも、私がここのところ集中的に買っているグラフィックな本は、かさ張る上に非常に重いからだ。

第三に、座り読みのための椅子と机が、図書館のそれのように人間工学的に優れたものが採用してあるのが素晴らしい。

おかげで予想以上に長居したばかりか、普段はのぞいてみない棚まで検証し、かなりの金額をつぎ込んでしまった。まさに店側が仕組んだ通りの筋書きで進行したのである。

具体的にいうと、語学書。最近、イタリア語を学ぶ必要が生まれたので、親戚言語であるフランス語で書かれたイタリア語文法書がほしかったのだが、それには、実際に複数の文法書を「読んで、比較してみる」ことが不可欠だったからである。

同じように、グラフィックな本でも、座り読みをしてみると、内容の薄い本と濃い本の違いがすぐにわかるのである。これはじつにありがたい。

しかし、最後に会計を済ませ、本をホテルに持って帰ってから、ある一つのことに気づいて地団駄踏んだ。

それは、本代だけで免税適用額をゆうに超えていたから、ボン・マルシェの免税コーナーに持っていけば、本にもかかるTVA（付加価値税。ただし、贅沢品に比べて率は低い）を免除してもらうこともできたかもしれないと思い返したことだ。しかし、いまさらこの重い本を持ってボン・マルシェまで戻れない。残念、もっと早く気がつけばよかった。一般書店なら、「免税」なんてことは考えたこともないが、デパートならそれも可能かもしれないからである。

居心地がいい上に、免税も！　というわけで、ボン・マルシェ書店はお勧めである。

「ＬＯＶＥ書店！」第10号（２００９年２月発行）

パリの古書市

六月下旬に一週間ほどパリに行ってきた。この時期に毎年恒例の国際古書市が十九、二十、二十一日の三日間、グラン・パレで開かれたからだが、この古書市は入場が有料（ひとり七ユーロ）である上、出店も有料（一日一四〇〇ユーロ）だから、一流店か、さもなければステータスが欲しい二流店しかブースを出さない。それに、どの店も元を取ろうとして価格を高めに設定しているので、安い本や版画でも最低一〇〇〇ユーロ（十四万円弱）はする。だから、よほど目の肥えたコレクターか業者しか見学に来ないのである。

これに対して、二日間日程を空けて、二十四から二十九日までサン・シュルピス教会前広場で開かれたフランス古書市の方は、入場無料だし、出店料も格安なので、上はパリの一流店に近い二流店から、下は蚤の市にスタンドを出している古書店やアパルトマンでの通販業者まで、じつにバラエティに富んだ格の店が出店している。だから、日本人のフランス古書初心者が足を向けてみるなら、こちらのほうがお薦めである。安いものなら、二十世紀初頭の挿絵本が十ユーロからある。

私はというと、グラン・パレの国際古書市一日目ですでに三〇〇〇ユーロも買い物をしてしまった反省から、サン・シュルピスのフランス古書市では出来る限り我慢しようと心に誓ったのだが、会場に一歩足を踏み入れると、やはり掘り出し物は多く、あれやこれやと一〇〇〇ユーロ近くを買ってしまった。

グラン・パレの国際古書市

一般に、こうした古書市では、開催初日に朝一番で出掛けたら、取り敢えずは会場のブースやスタンドをざっと見て歩くことが肝心である。なにしろ、気持ちが「浮足立って」いるから、飛び込んだブースやスタンドで最初に見つけたアイテムを「掘り出し物だ！」と勢い込んで買い込んでしまうケースが多いが、これだと後で必ず後悔する。掘り出し物だと思い込んだ「稀覯本」が、他のブースやスタンドでも標準装備という感じで置いてあるだけではなく、ずっと安かったりするからだ。もちろん、初版、再版の別、仮綴じ、装丁の別、また、状態によって値段はずいぶんと違うが、それでも、割高だったと悔やむケースが少なくない。「まずは一巡」の標語を心に刻んでおくこと。

次に、価格の交渉は、蚤の市とは違うから、

「いきなり半額を言ってみる」というのはやめたほうがいい。そのかわり、どの店でも一割引きは当然と思っているので、それよりも低めの金額、たとえば十五%引き、二十%引きの値段をこちらから提示してみると、思いのほか気安く値引きに応じてくれる。

近年、サブ・カル・ブームで、絵本やB・D（フランス版マンガ）を扱う店も増えてきている。日本人にとっても、敷居はだいぶ低くなっているはずだ。空気はカラリとして、空はどこまでも青く、パリは最高に気持ちがいい。掘り出し物が見つかれば、それこそ「シュペール Super!」である。

「LOVE書店！」第11号（2009年8月発行）

エミール・ゾラ街の古書店

最近は、パリでも「出不精」になっているせいか、定宿のあるサン・ジェルマン界隈か、さもなければ蚤の市しか歩かなくなってしまった。昔は、古書店総覧と詳細地図を片手にパリの全書店を虱潰しにしていたのだから、随分、古書収集の情熱もおとなしくなったものである。

しかし、ときたま、なにかの用事でサン・ジェルマン以外の界隈に出掛けることがあると、ふと、この近くには確か古書店があったはずと、通りの記憶から古書店の記憶が蘇り中をのぞいてみたくなることがある。過日も、サン・ジェルマンに宿が取れなくて、十六区のフロン・ド・セーヌの超高層ホテルに泊まったのだが、そこからすぐ近くのエミール・ゾラ街に一軒、なじみの古書店があることを思い出した。

じつは、この書店のことは『子供より古書が大事と思いたい』で紹介したことがある。以前の店主とは違った庶民の女将さん風の中年女性がカウンターに座っているので訳を尋ねると、前の店主にいいことばかり並べられて店の権利を買い取ったのだが、自分はこの商売は向いていないと悟ったと述べてから、「どう、この店の権利買う気はない？　まとまった金がないというんなら、もうこの際、家賃だけでいいよ。月に四千フラン払ってくれたら、店の本もなにも、居抜きで貸すよ」と持ちかけられたというエピソードである。

その時私は一瞬、大いに心が動いたが結局、この中年女性の提案には乗らなかった。

それから月日が流れて二十年。私はパリの古書店主にならずに、貧乏物書き稼業を続けている。では、エミール・ゾラ街の古書店のほうはその後どうなったのだろうか？

扉を開けると、中にいたのはオタク風の中年男性。店がグラフィック中心なのは当時と同じで、雰囲気もよく似ている。変わったのは、店内のいたるところにアンティックのオモチャが置いてあることである。それも、かなり安い。私は、アンティックのシトロエンのコレクターでもあるので、これはしたりといくつかを購入した。そして、ことのついでに、なぜオモチャを売っているのかと尋ねた。すると、こんな答えが返ってきた。

五年ほど前、この店の権利を買ったが、場所柄のせいか、さっぱり売れない。そこで、家にあった子供時代のオモチャを持ってきて、試しにウィンドーに飾っておいたところ、これが飛ぶように売れてゆく。どれも、高級なものではない、ただの安オモチャなのに。そこで、近くにもう一軒店を借り、家にあったガラクタをなにもかも運んできて、「近過去」のアンティック屋を開業したところ、客が押し寄せて大ヒット。いまでは、こちらの数倍は売り上げているが、もともと、古書が好きだったので、アンティック店の方の店番は母親に任せ、自分はこちらのカウンターに立っているが、やはり、この界隈では古書店はムリだと思う、云々。

私がエミール・ゾラ街で古書を開業しなかったのは正解だったのである。

「ＬＯＶＥ書店！」第12号（２００９年11月発行）

ジョルジュ・ブラッサンス公園の古書市

パリに常設の古書市のようなものはないのかと人から尋ねられることがある。神田小川町の古書会館や五反田古書会館で金・土に開かれている古書市のようなものを想像するらしい。つまり、辺鄙な場所や自宅マンションに店舗を構えている古書店が月に一度かあるいは数カ月に一度、これはと思う本を持ちよって古書市を開くというあの形式である。

「ふーむ」、と考えた末に「ないことはないかも」と答えた。ただし、頻度は低く、年に一、二度、地方の大都市で開かれる古書市が中心で、パリのそれは前々回にレポートとしたサン・シュルビス前広場の古書市以外にはあまり聞いたことがない。つまり、日本の古書市形式のものはそれほど盛んではないのである。

その代わり、といってはなんだが、パリには、毎週、土・日に、ほぼ同じメンバーで開かれている古書市が存在する。すでに触れている十五区のはずれにあるジョルジュ・ブラッサンス公園の古書市である。

ジョルジュ・ブラッサンス公園というのは、比較的新しい（といっても開設は三十年近く前だが）公園で、今では緑の少ない十五区の貴重な憩いの場所となっており、休日は家族連れで賑わっている。私も十五区を歩くと、よくここでひと休みする。

あまり気づく人もいないようだが、公園の片隅には、巨大な牛のブロンズ像が置かれ、かつては、ここが食肉処理場だったことを物語っている。その食肉処理場時代の記憶をとどめるもうひとつのオブジェが公園の入口にある鋳鉄製のパヴィリオンで、古書市はこのパヴィリオンのガラス屋根の下で開かれているのである。

ジョルジュ・ブラッサンス公園の古書市

では、古書市のレベルはどうかというと、少なくとも、私が通っていた二十五年前は、かなりひどかった。日本でいうゾッキ本をやる気のない業者が並べているだけだったので、私は数回行っただけですぐに見限ってしまった。

ところが、去年の六月、季節がいいので、ヴァンヴの蚤の市に出掛けたついでに足を伸ばしてみた。歩いて十五分くらいのところにあるからだ。

すると、驚いたことに、すっかり様変わりしていた。あいかわらずゾッキ本を並べているスタンドもあるが、スタンドの多くは専門店化し、パリ市内の古書店と遜色ない品揃えである。とくに充実しているのが、最近の傾向を反映してか、写真集、絵本、バンド・デシネ（フランス漫画）の専門店。

何人かの店主に話を聞いたところ、脱サラして開業したという人が多かった。元リセの教師、大学の元講師、元編集者など、いずれも本好きがこうじて、古書店を始めたようだ。ジョルジュ・ブラッサンス公園に店を構えたのは、営業権が比較的安いということのほかに、土・日だけ働けば、あとは自分の時間として使えるからだという。

なんだか、私も大学教師などやめて、ジョルジュ・ブラッサンス公園に店を出したくなってしまった。楽（らく）そうだし、楽しそうだものなぁ！

「ＬＯＶＥ書店！」第13号（２０１０年3月発行）

アサス通りの古書

古本好きというのはどんな町のどんな通りでも、そこに古書店があるというだけでその通りが好きになり、次に近くに来たときにはその通りを歩かないではいられないという性癖を持つ。

反対に古書店のない通りは歩く気がしないのだ。

パリでいえば、六区のアサス通りなどは後者の典型であった。近くのフルリュス通りやカセット通りには古書店が何軒かあるのにアサス通りにはなぜか一軒も古書店がなかったからだ。いや、てっきりそう思いこんでいたのである。

ところが、昨日（ということは今パリにいるということになる！）、アサス通りを端から端まで歩いてみたところ、リュクサンブール公園に突き当たるあたりに古い本屋が、いやむしろ古本屋と呼んでいい風の店が一軒あった。おやこんなところに、という思いにかられながらとにかく店に入ってみた。

ふーむ、これは懐かしい十九世紀本の専門店である。「懐かしい」といったのは、最近はバンド・デシネやグラフィック本を扱う店ばかりが多くて、十九世紀本の専門店というと次第に少数派になりつつあるからだ。

意外な発見にすっかりうれしくなって棚をじっくりと検討すると、状態はかならずしもよくはないが、まずまずの本がかなり安い値段で置かれている。こういう本屋は古本好きを喜ばせる。探せば宝物が掘り当てられるのではないかという思いがするからだ。果たせるかなサント・ブーヴの「フランス作家の新ギャラリー」の挿絵版が見つかった。

これはその肖像のクオリティーの高さゆえ前々からほしかったものである。しかも値段が格安の百三十ユーロ。これは安い。

支払いをするとき、店主にいつから店を開いているのかと尋ねてみた。ごく最近、開店したものと思ったからだ。返事を聞いて驚いた。二十三年前からだという。とすると、私は二十三年もの間、このアサス通りに古書店があることに気づかす、通ろうともしなかったことになる。不思議だ。なぜなら私はパリのほとんどの古書店に通暁し、最近開店した店を除くと知らない店はないはずなのに。

しかし、そのときようやく気づいた。私がシラミ潰しにパリ古書店の探索を敢行したのは二十五年前のことだったのだ。このアサス通りの店はその絨毯爆撃を避けるようにその二年後に開店し、以後、二十三年間、私のレーダー網をかいくぐって存在し続けてきたのである。古書店のない通りは歩かないという私の原則のために！

そろそろ私のパリ古書店地図の改訂新版を作らなければならなくなったようである。

アサス通りの古書

「ＬＯＶＥ書店！」第14号（２０１０年８月発行）

サック・ポスタル・ド・リヴレリ

私のようなパソコン音痴でも、最近はインターネットを使った古書購入が増えている。「日本の古本屋」のような古書検索サイトがフランスにもあるからだ。少し前まではクレジット・カード決済が効かず、いちいち口座に振り込まなければならないのが面倒だったが、近年は検索サイトがカード決済やペイパル払いを代行してくれるので、繁雑さはだいぶ解消された。ただ、ひとつだけ大いなる問題がある。書類の運搬賃のことである。というのも、フランスには日本の宅配便のようなものが普及しておらず（あっても日本のような便利なものではない）、小荷物の輸送はいまだに郵便局頼みであるからだ。しかもこの郵便局の小荷物輸送のシステムが朝令暮改で、正確なところは郵便局員自身も分からない。

まず、いちばん簡単なのは「コリッシモ」と呼ばれる保険付き書留パック便。これは、郵便局で組み立て式の箱をもらい、荷物を詰める方式。重量により箱の大きさが違うが、箱代金は輸送費に含まれる。しかし、いずれにしても日本の感覚からするとかなり高い。とくに海外用コリッシモの保険付きタイプは割高で、キロ当たり四十ユーロ近くするから、百ユーロの本を買っても重量がかさむ場合は、コリッシモ代金だけで二百ユーロを超えることがある。

そこで私などの貧乏愛書家が頼るのが「リーブル・エ・ブロシュール（本とパンフレット）」と呼ばれる保険なし書留なしの書籍専用格安便。代金はコリッシモの十分の一くらいだからかなり安い。箱は自分で用意する。ただし、このシステムには決定的な欠点がある。最大五キロまでしか送れないことである。これは一冊七キロを超える重量級古書を買うことが多い私にとっては困った制約である。

ではこうした大型本や重量本を輸送するシステムはフランスの郵便局には皆無なのかというと、実はこれがあるのだ。それは「サック・ポスタル・ド・リヴレリ（書店用郵便袋）」と呼ばれているもので、大きな南京袋に箱を詰めて運ぶシステム。重量制限は二十五キロまでだから、かなりの本が運べる。私はフランスで買いあさった数百キロの古書を十回以上に分けて日本に送った記憶がある。このシステムは二十年ほど前に一度、廃止されたのだが、根強い需要があったのでその後復活し今日でもちゃんと機能している。

ところが、この事実を古書店が知らないのだ。大手の書店はまだしも、ネット利用の個人書店はその存在さえ知らない。さらに困惑の度合いを深めるのが、地方の郵便局も知らないことだ。そこで、私がメールのやり取りで個人書店に「サック・ポスタル・ド・リブレリ」の方法を一から伝授することになる。すなわち、まず地方の中央局に行って書店登録をし、南京袋を借りてきて、箱詰めの本を袋に入れる。次に……。

それにつけても、事物輸送の点で日本は天国だと思わざるをえない。クロネコは偉大なり、である。

「ＬＯＶＥ書店！」第15号（２０１０年11月発行）

コンピエーニュ城国立博物館のミュージアム・ショップ

日本でもそうだが、フランスでも、地方の美術館や博物館、あるいは記念館の類いに出掛けるときは、少し現金を多めに持っていくことにしている。というのも、こうしたところでは、入場券のほかに思いもかけない散財をすることが少なくないうえに、カード払いが効かないことが多く、これはと思うものを買い損なってしまう経験を何度かしているからだ。

といっても、ミュージアム・グッズを買う趣味があるというわけではない。買うのはもっぱらそうしたミュージアムの売店で売っている本の方である。

だが、なにゆえに地方のミュージアムの売店まで行って本を買ったりするのか？　それは、そうしたミュージアムでなければ手に入らないような本があるからだ。

たとえば、佐賀県のミュージアムに行ったとき、私は大隈重信、江藤新平、副島種臣を初めとする肥前出身の明治の大物たちの関連書籍を二万円ほど買い込んだことがあるが、それは書籍の多くが佐賀県の新聞社や出版社から出版されている地方出版物で、東京では手に入りにくい本ばかりだったからである。

同じことがフランスにも言える。少し毛色の変わった地方のミュージアムに行くときには、そこでしか手に入らない本を集中的に買い込んでくるようにしているのである。

正月休みにパリに行ったとき、北駅から電車に乗り、コンピエーニュの「コンピエーニュ城国立博物館」まで足を伸ばしたが、ここのミュージアム・ショップでもまたかなりの収穫があった。

そのひとつが「ナポレオン三世とヴィクトリア女王　一八五五年万博への訪問」と題された図録。これはちょうど一年前に、この博物館の一角にある「第二帝政博物館」で開かれていた展覧会のカタログで、一八五五年にパリで開催された万国博覧会にイギリスのヴィクトリア女王が表敬訪問した「英仏の歴史的和解」をトピックにして、美術的観点から見た当時の英仏関係の論稿が多く収められている。たとえば、歴史上初めて美術セクションが設けられたこの万博の意義を絵画、彫刻、写真、装飾品などの部門から考察したエッセイなど、万博屋でありかつ第二帝政屋である私のような人間にとってはなんともありがたい資料であった。

このように、地方にあるミュージアムのショップというのは、日本でもフランスでも意外な発見に満ちているが、しかし、ひとつだけ大きな欠点がある。それはミュージアムである以上、販売している本はカタログや図録が多くなるが、そうした本は例外なく「重い」ので、持ち帰るのに大いに苦労するということ。というのも、日本なら宅急便という便利しごくなものがあるが、フランスでは原則的にこの手のサービスはないからである。

かくして、今回もまた一〇〇キロの荷物を抱えての帰国とあいなったので、結論も前回と同じく、宅急便を発明した小倉昌男さんは偉大である！

「ＬＯＶＥ書店！」第16号（２０１１年３月発行）

超一流の古本屋

パリの古書店といってもピンからキリまであるが、ピンつまり最高級の古書店というのは、貧乏コレクターの私のような人間には敷居が高くて、おいそれとは近づけない。なぜなら、こうした超一流店では、同じ古書でも最高級グレードのものしか扱っていないからだ。しかし、こう書いても日本の読者には最高級グレードの古書というものがどういうものか想像がつかないだろうから、少し説明を加えておこう。

日本では古書の値段はそのアイテムの希少性と保存状態によって決まる。発行部数が少なく、未読の状態のものであれば高くなる理屈である。この点はフランスでも変わりはないが、もうひとつ購入者が自分の趣味で施す革装丁という要素が加わる。プロの装丁屋に頼むのだが、その装丁屋のセンスで宝石のような本にもなるし、そうでないこともある。さらに、限定本の場合、トップの十部には挿絵の原画がつくというプレミアが加わるから値段は未装丁本に比べると十倍も二十倍も高くなる。超一流の古書店というのは、こうしたウルトラ限定の革装丁本しか扱わない怖いところなのである。

だから、当然、私などが訪れることはめったにないのだが、練馬区立美術館で四月八日から六月三日まで開催予定の「鹿島茂コレクション２　バルビエ×ラブルール展」のためにどうしてもそうした店に頼るほかなくなってしまった。バルビエのコレクションで未入手の「ヴィ・イマジネール」がどこを探しても見つからないからである。いや、正確にいえばパリで二番目に高い店には確かにあったのだが、見事な革装丁本なので、展示には向いていないのだ。

かくして、残すは一軒のみ。パリで一番高いブレゾという店だ。だが、ここには、その昔、「おととい来い」という最悪の扱いを受けたイヤな思い出がある。店員の態度が実に慇懃無礼で、客を選ぶ店であるのだ。だが、二十年の年月は店を変えていた。実にフレンドリーな出迎えで、足元を見る態度はまったくない。

しかし、実をいうとそんなことはどうでもいい。問題は展示に適したブロシェ（未綴じの本があるか否かだ。こうした超高級店にはブロシェは売っていないのが昔の常識だったからである。ブロシェが欲しかったら格下の店を当たってくれと言われたものだ。

ところが、こちらの方面でも二十年の年月は変化を強いていた。そうなのである。ブロシェがあったのだ！　それもかなり安い値段で（ただし九〇〇〇フラン）！　決済するときに「おたくでもブロシェを置くようになったんですね？」と少し嫌みな質問をしてみると、「ええ、ブロシェのほうがよく動きますからね」という答えが返ってきた。

去年の雪いずくにありや。絶世の美女にはいつまでも冷たくしてほしいものである。

「ＬＯＶＥ書店！」第17号（２０１２年３月発行）

パサージュ・ヴェルドーのファルフーユ書店

数年前、『パリのパサージュ――消え去った夢の痕跡』（平凡社）というグラフィックな本を書くために改めてパサージュを集中的に歩いたが、そのとき少し感動したのは、パサージュの中の古書店がいまも健在で、細々とではあるが営業をつづけているという事実だった。新しくできた店もないかわりに、なくなった店もなく、店主は若い世代に代替わりしているが、同じ看板を掲げて同じように営業している。インターネットの普及で店舗をもっている店の経営が難しくなっていると聞いたが、パサージュの古書店はそれぞれに工夫してなんとか持ちこたえているようである。

たとえば、ギャルリ・ヴィヴィエンヌの「ジュソーム書店」は、昨今のパサージュ・ブームで訪れる観光客を相手にパリの古い絵葉書や写真集、あるいはモード関係のファッション・プレートを集め、不採算部門である十九世紀の古書の補いとしている（口絵②）。

また、ギャルリ・ヴェロ・ドダの「ゴーガン書店」は、パサージュのシュールな雰囲気に併せて店自体をシュールな内装にして生き残りを図っている。

パサージュ・ヴェルドーのファルフーユ書店

これに対して、こうした「迎合的」な姿勢をいっさい見せずに、昔ながらの「無愛想」な営業方針を貫いている店もある。

パサージュ・ヴェルドーにある「ファルフーユ書店」はその典型である。店内の四方の壁にぎっしりと詰め込まれた古書は、十年一日どころか、百年一日のごとく変わりがないように見える。扉には鍵がかかっているので、誰もいないのかと思うと、裏店に人影が見える。合図すると、「ンモー、面倒くせえなあ、また客かよ！」というヤル気ゼロの態度で店主が姿を見せ、いやいやながら扉を開けてくれる。そして、型通り「ク・デジレ・ヴー？（何をお探しで？）」と声をかけてくるが、こちらが「アン・ク・ドューユ？（ちょっと見ていいですか？）」といえば放っておいてくれるから、あとは何時間でも店内に居つづけて、探書に集中することができる。

では、よほどの美本ばかりなのかというと、これが正反対で、正統的な古書ファンから見れば、ほとんどが屑本ばかり。

だが、さらによく見ると、それも年季の入った古書マニアがしっかりと観察すると、そうした屑本はただの屑本ではないことがわかってくる。

といっても、そこに掘り出し物があるというのではない。屑本は屑なのだ。

ではいったい、「ただの屑本ではない」というのはどういうことなのか？

それは、ほとんどが全集本やセット本の端本なので、もし、こちらに情熱がありさえすれば、その端本を集めて完結させ、突然「価値のある」全集本やセット本に変身させることができるかもしれないということなのである。

ただし、それはあくまで潜在的な「可能性」であって、現実的には実現性は薄い。なぜなら、「端本を集めて全集に」というのは、古書マニアの中でも難易度の高い技とされているからである。概して集まりにくい端本というのは永遠に出現しないものである。

だが、難易度が高ければ高いほど挑戦したくなるのが古書マニアの性（さが）である。

かくて、今日もまた、「ファルフーユ書店」にはバルサックの従兄ポンスのような古書マニアがどこからともなく集まってくることになるのだ。


「ＬＯＶＥ書店！」第18号（２０１３年３月発行）

パリの古書店事情

正月休みを利用して久しぶりにパリで遊んだ。オデオン通りの馴染みの古書店に顔を出すと、昼食でも一緒に食べないかと誘われた。こちらも、最近のフランスの古書店事情について知りたかったので、渡りに船で誘いに応じた。

聞いてみたかったのはインターネットが古書店に与える影響である。古本サイトの充実で、素人の無店舗型ネット古書店が増加したことで、どのような影響が出たかということである。

答えは予想したとおり、ネット古書店の出現で店舗型の古書店は高級古書店と低級古書店に二極分解し、真ん中の中級古書店が消滅したということだった。これまで、街の中級店は、店に客が持ち込む古書のほか、蔵書家が残した本を遺族が整理する際に出張鑑定して一括購入することで店の在庫を確保してきた。しかしオークションサイトの出現で蔵書家本人や遺族が直接、蔵書をサイトに掲載できるようになったため、出張一括購入のうまみがなくなってしまったのである。もちろん、オークションサイトで欲しいアイテムだけを買うことはできるか、人気アイテムには他にも欲しい人間がいるから必然的に落札価格は上がる。つまり、売り手から買い手に直接本が渡ることで、古書店が「中抜き」できる分がなくなってしまったのだ。

私のような買い手からすると、この「中抜き」の消滅は歓迎すべきことのように思うが、長い目でみると、かならずしもそうともいえないらしい。オークションに一度しか登場しないような超レアーなアイテムならまだしも、並の古書の場合、出品者が他の出品者よりもほんの少しだけ安く値段を設定することが多いので、価格帯は狭まって、むしろ高止まりすることが多くなった。カタログ時代には、値段付けの高い店もある代わりに、薄利多売の店もあって、買い手は自分の懐具合に応じて店を選ぶことができたが、ネットでは値段が平均化されてしまうのである。

さらに、ネット時代になると、多少とも価値ある本は高級古書店が資金力にものをいわせて全部さらってしまうので、あとには、一ユーロ均一を売りにするブックオフ（すでに述べたようにパリにも支店がある！）のような、セコハン本を鑑定なしで引き取る大型店しか残らないということになるのだ。

なるほど、よくわかった。一億総古本屋時代の到来で、街の古書店が消えたのは日本も同じである。では、高級店のひとつであるおたくの書店はどうかなのかと尋ねると、次のような答えが返ってきた。

ネットのおかげでマーケットが世界中に広まり、思いもかけないところから注文が舞い込むようになったのは非常に歓迎すべきことである。つまり、潜在的だったフランス高級古書に対する需要がワールドワイドで顕在的になったということである。しかし、だからといって、従来型の売り方をやめたわけではない。つまり、限られた数のコアな客を相手に超稀覯本を捜してきて売るという相対取引が、ネットのおかげで客の興味をマーケティングしやすくなったので、むしろ活発になったというのである。

ふーむ、そういうことだったのか。食事に誘われたのも、私が相対取引にふさわしい顧客と認定されたがための「接待」だったというわけである！

で、結果はというと、なかなかいいものを買わせていただきました。少なくとも私は相対取引大歓迎である。

「ＬＯＶＥ書店！」第19号（２０１４年3月発行）

パリに息づく古書店文化

シャルリ・エブド襲撃事件が起こった一月七日にパリにいた。ところが、夕方になるまで事件のことをまったく知らなかった。サン゠ジェルマン゠デ゠プレで古書店を四軒回っていたのだが、どの店でも事件のことはいっさい話題にのぼらなかったからだ。

おそらく、店主たちは事件のことを知らなかったのだろう。あるいは、知ってはいても、古書店という商売柄、世間のことには無関心という姿勢を貫いたのかもしれない。いずれにしろ、事件が起こったところからそれほど遠くない場所にこのような、世俗から隔絶した空間が存在することは「いいこと」だと思う。それどころかこれが文化の底力だとさえ感じる。きっと古書店ではヒットラーがパリ入城した日も、あるいは自由フランスの先遣隊ルクレール将軍の戦車部隊がパリを解放した日にも、浮世離れした客と店主が古書を巡って熱い会話に興じていたことだろう。リルケはこうした空間に憧れ、『マルテの手記』でこんなことを書いている。

「僕はよくリュ・ド・セーヌなどの通りの小さな店先を通りすぎる。古道具屋、古本屋、銅版画展などの店が、窓いっぱい品物を並べている。誰も入ってくる人はいない。ちょっと見ると、商売などしていそうに見えないくらいだ。しかし、店の中をふとのぞきこんでみると、誰か彼か人間がいて、知らん顔で座ったまま本を読んでいる。明日の心配もなければ、成功に焦る心もない。犬が機嫌よさそうにそばに寝ている。でなければ、猫が店の静かさをいっそう静かにしている。猫が書物棚にくっついて歩く。猫は尻尾の先で、本の背から著者の名まえを拭き消しているのかもしれない」（大山定一役）。

リルケが憧れたこうした「古道具屋、古本屋、銅版画展など」がシャルリ・エブドで大騒ぎする街頭とはまったく無関係に存在しつづけることこそが文化というものの重みなのだ。この重みを持ち続ける余裕がなくなったときに国家は崩壊するのである。

しかし、近年、こうした「古道具屋、古本屋、銅版画展など」がリュ・ド・セーヌなどに立ち並ぶ風景そのものが失われつつあるのは確かだ。サン＝ジェルマン＝デ＝プレそのものが最先端のモードの街に変貌し、各ブランドのブティックが「古道具屋、古本屋、銅版画展など」を駆逐しているからだ。とはいえ、最近、私はある不思議な現象に気づいた。それは、以前、古書店だった店舗がいったんモードのブティックに変身しても、次にはまた古書店が同じ場所で開店することがあるのだ。疑問に思ったので、知り合いの古書店主に聞いてみた。すると、次のような答えが返ってきた。「フランスの店舗の場合、直接の家主（所有者）とは別に、店の営業権が売買や賃貸されることが多い。で、古書店の入っていた店舗がまた古書店になるという謎だが、これは中間賃貸借契約、つまり営業権を古書店組合が保有しているからなんだ。一九八〇年代にサン＝ジェルマン＝デ＝プレが急激にブティック街に変貌したとき、危機感を抱いた古書店組合が営業権を買い取って会員にまた貸しすることにしたのだよ。もちろん、いつも古書店に貸すことができるわけではないが、営業権自体は古書店組合が保有しているから、新たに古書店を出店したいという希望者が現れれば、その希望者を優先することになる。古書店組合にも家賃は入るし、古書店開業希望者も固定客がついていた店舗で営業できるというわけさ。なかなか頭のいい解決策だろう。日本ではやっていないのかい？」

ふーむ、この手があったのか！　たしかに、日本でも見習うべき慣習かもしれない。古書店という文化を途絶えさせないために。

「ＬＯＶＥ書店！」第20号（２０１５年３月発行）

電子書籍の普及と古書収集の魅力

最近パリを歩いていると昔の記憶が蘇ってきて、ふと足を止めて物思いにふけることがある。そうそう、この角を曲がった路地にあった古書店では七十歳近い老店主が店番していたけど、あれからもう三十年以上たっているから、とっくに鬼籍に入っているだろうな。それどころか、あの頃の古書店主で今も現役の人は一人もいない。みんな代替わりしているか、店を閉めてしまっているかである。なかには、古書店主の子供ではなく孫が跡継ぎとなっている店さえある。

しかし、それにしても、二十一世紀に入ってからの変化は激しかった。コンピューターが導入されて以来、掘り出し物というのはほとんどなくなってしまった。とくにスマホが出現してからというもの、ネットで古書サイトを検索すれば、目の前にある古書が高いか安いかすぐにわかる。昔は記憶とカンだけが頼りで、経験を積むには足を使って古本屋巡りをするしかなかったのだから、ずいぶんと様変わりしたものだ。

古書の内容さえわかればいいという人にとって、電子ブックの普及は力強い味方だ。ダウンロードするだけでいいのだから、古書探しの手間暇も省ける。また、《Ｇａｌｌｉｃａ》というフランス国立図書館（Ｂ・Ｎ）の閲覧サイトも充実してきているので、検索に書名や著者名を入れるだけで、居ながらにして何百年前の稀覯本の閲覧ができる。昔は、Ｂ・Ｎの閲覧室の椅子を確保するために朝早く並び、司書がもってきてくれた本を読んでノートに書き写すという、中世の写字生と同じことをやっていたのだから、なんとまあ便利になったことか！

だが、いいことばかりとは限らない。電子メディアの登場で情報としての書物や雑誌の価値がなくなったため、いわゆる「潰し」にされる本が増えてきたことである。「潰し」というのは要するに再生紙のためのパルプにされてしまうことで、本や雑誌の生命はこれにて終わるから、「潰し」が増えれば当然、リサイクル・マーケットに回収される本や雑誌の数が減る。そうなると、当然、古書を扱う業者の数も減らざるをえない。

そして、この状況がこの五年ほどで加速し、パリの古書店はどんどん減ってきている。とりわけ、質よりも量を追求してきたセコハン本屋の落ち込みがひどい。セコハン本屋はパリ市内に店舗を構えることができず、地方の辺鄙な場所に移動してネット販売に特化しているが、電子書籍が普及すれば、この商売も成り立たなくなるだろう。

これに反して増えているのが自筆原稿・手紙の専門店である。自筆原稿・手紙といえばひと昔前は有名作家のものに限られていたが、最近はネットのおかげで人名が検索しやすくなったこともあり、いろいろなジャンルの有名人の自筆原稿・手紙に価値がつくようになっているからである。しかし、この業態にもおのずと限界はある。通信メディアが手紙から電話へ、電話からメールに変わったことで手紙というものが存在しなくなってしまったからだ。また自筆原稿もタイプ原稿が主流となって久しく、それさえデータで送信するようになったため、こちらも在庫が払底している。

となると、古書業界で最後に残るジャンルは何だろう？　挿絵本と絵本である。このふたつのジャンルは複製技法自体にオリジナリティがあるので、電子メディアで閲覧してもあまり意味がない。言い換えると、こればっかりは、「所有」しなければ味わったことにはならないのである。

私はこのふたつのジャンルばかりを収集してきたが、それは、図書館で挿絵本や絵本を借りるのは無意味であるとずっと昔に悟っていたからである。

古書収集とは、煎じ詰めれば、モノとしての本へのこだわりの別名なのである。

「ＬＯＶＥ書店！」第21号（２０１６年3月発行）

本屋たるパリのミュージアム・ショップ

ミュージアム・ショップはニューヨーク・メトロポリタン美術館やＭＯＭＡに端を発して全世界に広まったものだが、最近はパリの美術館・博物館でもずいぶん力を入れている。とりわけ、ルーヴルやオルセーなど世界中から観光客が集まる有名美術館のミュージアム・ショップは非常に充実していて私も大量に買い込むことが多い。

しかし、最近、最高の点数を買ったのはこうした有名美術館のミュージアム・ショップではなく、日本人などほとんど訪れることのないミュージアムのショップであった。

どこかといえば、「アルシーヴ・ナシオナル（国立公文書館）」のそれである。

アルシーヴ・ナシオナルを訪れたのはじつに三十二年ぶり。パリに長期滞在していたとき、一九八五年、十九世紀の出版社の創業年に関して公証人の記録を調べるために利用したのだが、じつに使い勝手が悪く、しかも司書が超のつくほど無愛想で、不親切だったため恐れをなしてその後は二度と寄り付かなかったのである。

ところが、ある雑誌から、パリのアルシーヴ・ナシオナルについて書いてくれと頼まれたこともあり、フラン・ブルジョワ通りにある建物を久々に訪れた。大改装されたと聞くが、果たして使い勝手がよくなっているのか、学芸員の対応もよくなったのかなど、いろいろと興味がわいてきたからだ。いや驚いたね。これが果たして同じアルシーヴ・ナシオナルなのか？　コンピューターの導入で、じつに使い勝手がよくなったばかりか、司書の応対も日本レベルで、愛想がいい。時代は変わったと痛感せざるをえない。

しかし、じつは、いちばん感動したのは受付の横にあったミュージアム・ショップだった。扱い商品はアルシーヴ・ナショナルで催した展覧会のカタログだけなのだが、これが信じられないくらいに安いのだ。

それもそのはず、二〜三十年前に開かれた展覧会のカタログの値段が、物価の上昇を考慮に入れず、ただフランをユーロに公式レート換算で正してあるだけなので、ほとんどタダみたいな値段になっているのである。

私は完全な入れ食い状態になってしまった。あれもこれもと、直接関係のないカタログまで合計十二冊買い込んだが、合計金額はたったの百四十ユーロ。一冊につき約十二ユーロの計算である。久々に大儲けした感のある買い物であった。

では、内容的にはどうか？　『パリにおける中世の住居建物の一覧』『ベル・エポック（1900―1910）』『ルイ・フィリップ　人間として王として（1773―1850）』『共和国100年』『歴史をつくったミニュット（公正証書原本）』『テンプル騎士団エルサレムからシャユンバーニュのコマンドリーまで』などなど、いずれもいまの私の興味と重なるものばかりである。

こんなに直接的に役に立つカタログがこれほど安く手に入る場所がほかにあるだろうか？　これは奇跡というほかはない。まさに盗賊の隠した宝の山を見つけてしまったアラジンもかくやの心境であった。

というわけで、今後の方針がほぼ決まった。すなわち、これまで足を運んだことのない美術館や博物館を見学し、ミュージアム・ショップで売れ残りのカタログを片端から漁るのである。どこもお役所仕事でフラン・ユーロの切り替えは公式レートのままだろうから、昔の物価でカタログが手に入るというわけだ。これはほとんどタイムマシンである。

掘り出しものは意外なところに眠っていたのである。

「ＬＯＶＥ書店！」第23号（２０１７年3月発行）

フランスの中古書店の現状

所得格差の拡大が先進国で叫ばれて久しいが、近年、フランスの古書業界でもこの傾向が著しくなってきている。

とくにひどいのが、絶対的に希少なアイテム、つまり、オークションにはせいぜい十年か十五年に一度くらいしか登場しないような超レアーなアイテムである。値上がりぶりは、かなり過激になっている。どれくらいかというと、最低で十年前の二倍、ひどいときには三、四倍ということもある。私がしゃかりきになって収集に打ち込んでいた三十年前の相場と比べたら、十倍は軽いのではないか?

たとえば、これはもう三年前になるが、パリで一番高い古書店で売られていたルドゥテの『バラ図書』三巻本は、百三十万ユーロ［二〇二四年現在のレートに換算すると二億二千万円］！　三十年前に三千万円と言われて仰天した記憶があるから、七倍の値上がりである。もっとも、染みひとつつない完璧なアイテムだったので、この値段でもしかたないかもしれないが。

では、なぜこんなことになったのかといえば、それはパリの不動産価格が激しく値上がりしたからである。ヨーロッパでは不動産市場と高級古書市場は連動するのだ。しからば、なにゆえにこのふたつの市場が連動するのかといえば、それはオークションというものが、あらゆる市場の価格形成に深く関与しているからである。パリでは有価証券と並んで、不動産もオークションで価格が決定される。そして、同じように美術品も高級古書も、公式なオークション会場であるドゥルオーで行われるオークションの落札価格が規準になる。

カミーユ・スルジェ

ところで、有価証券にも不動産にも、高級美術品にも関係がない古書マニアにはまことに迷惑なことだが、有価証券や不動産の市場で煮詰まり感が出てくると、投資家は、なんの躊躇もなく、美術品市場や高級古書市場にシフトする。その結果、まず美術品市場にマネーが流れこみ、ついで高級古書市場にその余波が押し寄せるのである。

現在、アメリカや日本でだぶついたマネーは、ヨーロッパの債券市場や不動産市場を席巻した後、数年前からついに高級古書市場にまで流れこんできている。だが、しかし、いかにも今日的だと思われるのは、それがあくまで、〝高級古書市場だけ〟に限られた現象であるということだ。高級古書を除くと、古書一般は値上がりどころか、むしろ大きく値を下げている。まったく値が付かなくなって、廃棄処分に回される古書も増えてきている。

高級古書はますます高く、低級古書（こんな言い方があるとすればの話だが）はますます安くなり、ゼロでも買い手がつかないから廃棄処分となるというわけだ。ひとことで言えば格差の急拡大。その結果、もとから資本力がある高級古書店はおおいに潤うが、資本力のない中小古書店は片端から淘汰されていく。

ことほどさように、マネー資本主義は文化を滅ぼすのである。

「ＬＯＶＥ書店！」第23号（２０１８年3月発行）

サン＝ジェルマン教会近くの老舗書店で大人買い

正月にパリに出掛けて、ひさしぶりに大きな買い物をしてしまった。いま、クレジットの払いをどうしようかと悩んでいる。

買ったのはエドメ・ブシャルドンが原画を描き、ケリュス伯爵が銅版に起こした『下層庶民の研究あるいはクリ・ド・パリ（パリの呼び売り）』である。十八世紀半ばにパリの街で大声を出しながら呼び売りをしていた零細商人たちの風俗を活写した名作で、この手の「クリ・ド・パリ」の先駆をなす、パリ史研究には欠かせない銅版画シリーズである。

ちなみにエドメ・ブシャルドンは十八世紀の有名な彫刻家でデッサンの名手としても知られているが、銅版を担当したケリュス伯爵というのもかなりの有名人である。ルイ十四世の後妻となったマントノン夫人を大伯母に持つ伯爵はスペイン継承戦争に従軍したあと、母の遺産をつかって中近東やギリシャに大旅行を企て、古代考古学の草分けとなった。この方面での著作が表の顔だが、実はもうひとつ裏の顔がある。それはサド侯爵に先立つポルノグラファーとしてのそれであり、古書マニアにはこちらの顔の方がよく知られている。

ケリュス伯爵はロココの巨匠ワットーと知り合って絵画技術を習得したが、それは自分の本にエロティックな挿絵を添えたいがためだったのかもしれない。やがて、銅版画技術がイタリアのオールド・マスターの作品の複製に役立つことを知り、この分野の第一人者となった。こうした流れで取り掛かったのが、ブシャルドンが描いたパリの呼び売りシリーズである。一七一三年から一七四六年にかけて、十二枚の銅版画が五セット、合計六十枚が売り出されたが、刊行の年数が十一年と長期に及んだため完全セットというのは非常に珍しい。美術館が手を挙げてもおかしくないほどの名品である。

では、こんな掘り出し物をどこで見つけたのかというと、いつもは前を素通りしているサン＝ジェルマン教会近くの老舗書店「ジャム」。なぜ素通りばかりしていたかというと、理由は単純で、いつも閉まっていたからである。店の中には照明が灯っているのだが、人の気配がしない。印刷・出版や製紙関係の専門店として知られていた有名店で三十五年前には何冊か購入したことがあるが、その後、いつ来てもこの調子なので足を踏み入れたことはなかったのである。

それがどういうわけか、今回だけは店内に女の人がいたので声を掛けてみた。品の良い年配の女性で、以前の店主の娘さんらしい。私が「いつ来ても閉まっている」というと、意外な顔をして、「あら、いつでもいますよ。奥で仕事しているから。呼び鈴を押してくだされぱいいのに」と答えた。衝立があるので、人がいるとは気づかなかったのである。

そんなやり取りをしているうちに、ふと目についたのが『下層庶民の研究あるいはクリ・ド・パリ（パリの呼び売り）』である。こういうときにはある種のカンが働くものである。地味な装丁の大型本としか見えないが、なぜか強烈なアウラが放たれているのだ。吸い寄せられるように近づいて手に取ると、ブシャルドンの素晴らしいデッサンが目に飛び込んできた。その瞬間、「買った！」と内心の声が叫ぶのが聞こえた。

表示価格は六千ユーロだが、五千ユーロに負けてくれるという。絶対的には高いが相対的にはかなり安い。ただ安いといっても日本円で六十五万円！　しかし、ここで決心しなかったらチャンスは永遠に巡ってこないだろう。

かくて、『下層庶民の研究あるいはクリ・ド・パリ（パリの呼び売り）』は私の書庫に収まった。いずれ、展覧会を開いてお目にかけたいと思うが、その機会は訪れるのだろうか？

「ＬＯＶＥ書店！」第24号（２０１９年3月発行）

パリの美術館の書籍部

近年、パリで新刊書籍を買うのは大型書籍チェーンのフナックではなく、美術館の書籍部が多い。パリ訪問の目的がオルセー美術館やオランジュリ美術館、あるいはグラン・パレやプチ・パレでの企画展に限定されているからである。

実際、パリに行き始めてから四十年以上たつと、ほとんどの観光地は行き尽くしているし、『パリの秘密』を東京新聞で連載していたときに「パリの秘境」的なスポットも総なめしてしまった。古書も買うべき本はほとんど手に入れた。

だから、本当はもうパリに行く必要もないのだが、それでも年に二〜三回は足を運びたくなるのは、「なるほどこの手の企画展があったのか！」と驚くような美術展が開かれるからである。なかでも、去年から今年の冬シーズンに同時開催されていたオルセー美術館「ジョリス゠カルル・ユイスマンス　ドガからグリュネヴァルトへ」展とオランジュリ美術館の「フェリックス・フェネオン　批評家、コレクター、アナーキスト」は私の脳髄の中にあったイメージを展覧会にしたのではないかと思えるほどの素晴らしさだった。

まず「ジョリス゠カルル・ユイスマンス」展から行くと、これは自然主義から出発してデカダンと悪魔主義へと進み、一転して過激カトリックに接近した小説家ユイスマンスを中心にした展覧会だが、この企画はユイスマンスが先見の明のある美術批評家で同時代に誰も評価しなかったドガ、印象派、それにギュスターヴ・モロー、グリュネヴァルトを高く評価し、価値観の転倒者となった点を明らかにした点が高く評価されるのである。とくに、『さかしま』の主人公であるデゼッサントとプルーストの『失われた時を求めて』のシャルリュス男爵のモデルになったロベール・ド・モンテスキュー伯爵を描いたボルディーニの肖像画を中心にして、ユイスマンスが激賛した画家の作品や作家・詩人の肖像を並べたギャラリーは圧巻で、『さかしま』の翻訳者である澁澤龍彦が観たらさぞや喜ぶだろうと感じるほどの洗練ぶりだった。

一方、「フェリックス・フェネオン」展は確信犯的アナーキストであると同時に卓抜な雑誌編集者であったフェネオンが時代に先駆けて評価した点描派、ボナールやマティス、さらにはアフリカ美術などを集めた展覧会で、アナーキズムと点描派が深く結びついていたことを教えてくれる驚きの美術展であった。いずれも美術批評家の目を通した展覧会というのがミソで、後代の評価も結局のところは彼らの慧眼によるところが大きかったのだから、どうしてこれまでこうした観点の美術展が開かれなかったのかと、コロンブスの卵的な感想を抱いたのは私だけではあるまい。

では、それが本とどうかかわっているかといえば、ふたつの展覧会とも美術と文学、さらには音楽にも深く関係した批評家が中心になっているため、書籍コーナーに集められた関連書が多岐にわたっているところに面白さがある。つまり、ユイスマンスやフェネオンといった一般書店ではあまりみかけない作家や批評家の著作が一堂に会しているばかりか、思いもかけない本が集められていたので狂喜したのである。たとえば、アナーキストのフェネオンがラヴァショルの連続爆破事件に連座して逮捕されたときの仲間で、後に脱獄と世界遍歴で名を挙げたゾ・ダクサ（本名アンフォンス・ガロー）の伝記（『震えなかった葉ゾ・ダクサとアナーキー』）など、いろいろと風変わりな本も手に入った。

パリの新刊書店の中では美術館の書籍部が今いちばん熱い。これは確かなようである。

「ＬＯＶＥ書店！」第25号（２０２０年3月発行）

コロナ禍のパリの本屋さん事情

新型コロナ禍でフランスを訪れることも不可能になって早一年。パリのなじみの古書店はどうしているのだろうかと思ったら、「ダルジャンス」というボナパルト通りの古書店からメールでカタログが送られてくるようになった。

これには正直、驚いた。というのも、「ダルジャンス」はイヴ・ヴァションさんという年配の店主が奥さんとふたりだけで経営している、昔ながらの雑本屋だったからである。未だに、細かい活字のリアル・カタログを発行し続けているし、注文はファックスでしか受けつけない、インターネットとはおよそ無縁の古本屋なのだ。

そのため、「ダルジャンス」もいよいよ代替わりかと思い、しばし回想に耽った。付き合いだしたのは、一九八九年、私がフランス中の古書店に手紙を出し、カタログを送ってくれと頼んだところ、ナントの「イヴ・ヴァション」という古書店からかなりレベルの高いカタログが送られてきたので大量の買い注文を入れたことがきっかけだった。その後、ヴァションさんがサン・シュルピス通りにあった「ダルジャンス」書店の営業権を買い取り、ボナパルト通りにあったカトリック専門店の店舗を借りて始めたのが新生「ダルジャンス」書店であった。店内には足の踏み場もないほど古本が積まれているので、店に入っても結局買わずに出てくることが多かったが、カタログはしっかりしていたので、こちらで頻繁に注文を出していた。

そんな経緯があったので、ネット・カタログの送付には驚いたが、添付された手紙を読んだところ、コロナ禍を機にサン・クルーの若い古書店主と組んでネット・カタログの発行に踏み切ったとのこと。内容は雑本中心だが、こうしたものはカタログに載らないことが多いので逆にありがたい。

コロナ禍は旧弊なパリの古本屋も変えつつあるようだ。

「LOVE書店!」第26号(2021年3月発行)

Ⅳ

在ったパリ、在りえたパリ

失われたパリの胃袋を求めて——レ・アール

パリのミステリー・ツアーは、食品市場（レ・アール）からはじまる

パリのメトロに乗るといやでも目に入ってくるのが、Les Halles という駅名である。ちょうど東京の大手町のように、複数の線の乗り換え駅になっているため、どうしてもここを通らざるをえないからだ。

読み方は「レ・アール」が正しい。少しフランス語をかじった人は、Les と Halles を連音させて「レ・ザール」と発音することが多いが、Halles のHは有音のHといって連音はしないのである。

それはとにかく、この駅名、三十年ほど前までここに各種の食品卸売市場の集合体である《中央食品卸売市場》があったことにちなんでいる。いまでは、中央食品卸売市場はパリ近郊のランジスに移転していて、かつての敷地にはフォロム・デ・アールという半地下

形式の総合ショッピングセンターが建っている。

レ・アールにまつわるおぞましい歴史とは……

レ・アールの原型となるシャンポー市場が今のフォロム・デ・アールの場所に開かれたのは、一一三七年、ルイ六世の治下であると伝えられている。当時、シテ島にあったパリ最古の食品市場は人口密集のために、すでに市庁舎前のグレーヴ広場（現在の市庁舎広場）に移されていたが、そこも同じように手狭になったので、沼地を埋め立てて開発したばかりのこの町はずれの地域が候補地として浮上したのである。沼地というのは、パリ右岸の上半分が、古いセーヌの流域で、長いあいだ水がはけない湿地帯だったことによる。

レ・アールがその名のとおり食肉や鮮魚など食品市場の集合体となったのは、それから四十五年後の一一八一年、フィリップ・オーギュストの治下（在位一一八〇〜一二二三）においてである。フィリップ・オーギュストというのは、パリの基礎を築いた中世の名君で、パリを囲む最初の城壁を完成したことで知られる。彼はそれまで露店で行われていた取引が屋根の下でできるように二階建ての木造市場を造り、取引の活発化を図ったので、たくさんの商人が押し寄せ、レ・アールはますます発展の一途をたどった。

ところが、レ・アールが拡張し、あたりの人口が増えると、宿命的ともいえる弊害があらわれてくる。それは、レ・アールが、パリ最古にして最大の墓地であるイノサン墓地と隣合わせになっていたことである。

イノサン墓地

この場所にイノサン墓地が置かれたのは、レ・アールと同じく、パリの町外れだったからだが、人口の増大と市域の拡大で、イノサン墓地はあっという間に民家に取り囲まれる形になってしまった。

しかし、それだけならまだ問題は少なかったかもしれない。問題はこの墓地の「人口」の超過密にあった。というのも、パリの二十の教区で死んだ人と、オテル・デュ病院の死者、それに街路で行き倒れになった身元不明者がすべてこの墓地に埋葬されたからである。

ゲルマン古法のサリカ法では死体を同墓穴に埋葬することは禁じられていたが、墓地に到着する死体の数が墓地の収容量をはるかに越えるようになって以来、サリカ法は完全に無視されるようになった。すなわち、貧者や身元不明者の死体はまとめて大きな穴に投げ込まれ、穴が一杯になった時点でようやく土をかぶせられたのである。もちろん、穴が満杯になるまではかなり時間がかかるから、下のほうの死体は腐敗する。しかし、いちいち、穴を掘り返す手間はとれないので、せいぜいのところ、上に木の板を置いておくぐらいしかできない。当然のように、激しい腐臭が連接するレ・アールを襲った。

だが、付近の民衆やレ・アールの労働者からの苦情は、今日のわれわれが予想するほど寄せられなかったようだ。というのも、まわりの民家の住人も、またレ・アールで働く人たちも、腐臭には慣れっこになっていて、そういうものだと思い込んでいたからである。アラン・コルバンが『においの歴史』の中で指摘したように、中世から十八世紀までの嗅覚許容度は、われわれが思っているよりもはるかに高く、寛容だったのである。

ただ、一三四八年のペストの大流行のときには、さすがに、住民たちも不安を感じたようだ。なぜなら、イノサン墓地に運び込まれる死体が五百体を越える日もあったからである。もちろんいつもこうだったわけではない。しかし、パリ中の死体を毎日収容していれば、敷地いっぱいに穴を掘っても、これ以上穴を掘る場所がない日がやってくる。

そこで当局は、地中で十分に腐敗した死体の埋まっている穴を掘り返して、そこにまた新たな死体を埋葬することにした。だがそうなると、掘り起こした人骨をどこに収めるかという問題が出てくる。貧民の遺骨とはいえ、むやみに捨てることは許されない。

かくして、イノサン墓地に新しい施設が作り出されることになる。つまり、墓地の周囲に納骨堂を壁のように張り巡らして、ここに掘り返した骨を収めるのである。

「十四世紀の初め、ただし一三二五年よりは前に、イノサン墓地を囲む外側の壁の数メートル内側にもう一つ壁が作られた。その内側の壁はゴシック風のアーチになっていた。この二つの壁の間を利用して円天井の回廊がめぐらされた。その円天井の上に屋根組が乗っていたが、この屋根組こそが、語の正確な意味での納骨堂にほかならない。つまり、この屋根組の中に、再利用のために掘り返された墓穴から運ばれた人骨が安置されたのである。その骨にはまだ肉が付着しているものもあったので、納骨堂は同時に『腐敗堂』をも兼ねていたのである」（J・イレレ『パリの通りの事典』拙訳）

なんともすさまじい話だが、イノサン墓地のこうした埋葬——掘り起こし——遺骨安置の方法は、じつに、六百年間も続いたのである。中世に「死の舞踏」が流行すると、この納骨堂の壁にも骸骨が踊っている絵が描かれた。

しかし、本当に驚くべきことは、このイノサン墓地の回廊には、さまざまな人間たちが住み着き、そこにアーケードの商店街のようなものが生まれたことである。すなわち、流行品を売るモードの店、下着屋、メリヤス屋、版画屋、それに、エクリヴァン・ピュブリックと呼ばれる代書屋、さらに、ここに集まる男たちを目当てにやってくる娼婦たちとそのヒモ。ようするに、一七八四年にオルレアン公フィリップがつくるショッピングセンター《パレ・ロワイヤル》の先駆的形態がこのイノサン墓地の回廊にできあがっていたのである。おそらく、当時は、雨に濡れずに買い物ができる場所というのが少なかったためだろう。

しかし、それはともかく、イノサン墓地には毎日のようにたくさんの死体が運び込まれてくるのだから、いかに納骨堂が広くて合理的に遺骨を収容するといっても、おのずと限界というものがある。納骨堂は骸骨でいっぱいになり、中庭には墓穴に入り切らない死体が山のように積み上げられて猛烈な臭気をはなっていた。

イノサン墓地の壁画「死の舞踏」(上)と、納骨堂を兼ねた回廊

ところが、こんな状態が何世紀か続いた十八世紀のある日、公衆衛生学によって匂いに敏感になったブルジョワたちの間から、突然のように、死体からたちのぼる汚染蒸気と腐臭があたりの空気を腐らせるという苦情が発せられるようになる。

「悪臭は、この狭い囲いの中から、住民の生活と健康に攻撃を加えていた。（中略）危険はさし迫っていた。墓地の近隣の家々では、スープや牛乳がわずかな時間でいたみ、ぶどう酒はびんの底に残るとすっぱくなった。死体から出る毒気のため大気が毒される危険がある。（中略）調理して間もない食物がすぐに腐敗状態になるような街区で、大気の腐敗を抑えるには、まず千六百人の死体がつまっている墓穴の毒を抜かなければならない」（ルイ＝セバスチャン・メルシエ『十八世紀パリ生活誌』原宏訳、岩波文庫）

その結果、何度も墓地移転のプランが浮上したが、そのたびに反対意見が出て、結局、一七八〇年に、墓地と遺骨の完全撤去が決まるまで、イノサン墓地はパリのど真ん中に、しかもパリの食料品のほとんどを扱うレ・アールの隣に居座り続けたのである。

匂いのしない、匂いに敏感な男の物語を読む

いずれにしても、人の口に入る食料品の卸売市場がイノサン墓地の隣にあるということは好ましいものではなかったが、じつはレ・アールそのものもイノサン墓地に負けぬほどの大悪臭源だったことを忘れてはならない。

「一七五〇年以降、レ・アールは、新たな嗅覚的警戒心が神経を集中する場所の一つとなる。地下の貯蔵所からは、雑多な野菜の臭いが複雑に混じりあった悪臭が生じてくる。地表では『うんこ門』の地区で、肴の臭気が通行人に襲いかかり、売り台に染み込んだ瘴気が幻覚的な破滅の欲望を呼び覚ます」（アラン・コルバン『においの歴史』鹿島茂、山田登世

子訳、藤原書房）

ドイツの作家パトリック・ジュースキントは、この十八世紀のレ・アールの猛烈な悪臭にヒントを得て『香水——ある人殺しの物語』（池内紀訳、文藝春秋）という小説を書き上げたが、それはこんな話だ。

大革命直前の臭気漂うレ・アールに、一人の女魚屋がいた。中世のころから、魚屋というのは女の職業で、レ・アールの魚屋はみな女だったのだ。その魚屋はあるとき、だれの種とも知らぬ私生児を産み落とす。私生児は、捨て子を専門に預かる棄児院に預けられて成長するが、乳母たちは、この赤ん坊が自分ではいっさい匂いというものを発しないのにもかかわらず、異常に鼻が敏感なのに気づいて気味悪く思う。赤ん坊はすべてを鼻で識別していたのだ。

グルヌーユ（カエル）と名づけられたこの赤ん坊は、やがて成長してパリ一番の香水商人の店に奉公する。やがて、もちまえの鋭敏な嗅覚で頭角をあらわした彼は、次々に画期的な香水を作り出して、香水商に巨万の富を築かせてやる。しかし、グルヌーユは、自分の仕事には、なにか決定的な芳香のエッセンスが欠けていることに気づいていた。

花火が打ち上げられてパリ中が浮かれ騒いでいるある夏の夜、グルヌーユはついにその匂いを見いだす。それははるか遠く、可憐な乙女がたたずむ窓辺から漂ってきていた。匂いにひかれるまま、グルヌーユは家に侵入し、その場で乙女を殺害して究極の芳香に酔いしれる。それを契機に、グルヌーユは香水製造のメッカである南仏のグラースに旅立ち、エッセンスの抽出法を学びながら、その一方で、乙女の連続殺人に手を染める。彼は、乙女たちのエッセンスから究極の香水を作り出そうとしていたのだ。

連続殺人の犯人はあっけなく突き止められ、グルヌーユは絞首台に送られる。ところが、処刑直前に、最後の許しを得たグルヌーユが究極の香水を一滴自分にふりかけると、刑場にいた見物人はおろか、刑吏までがグルヌーユの足元にひざまずいて、許しを請いはじめる。グルヌーユの作り出した香水は、それが一滴でもふりかかった者を、だれもが愛さずにはいられなくする至高の香りだったのである。ひとことでいえば、グルヌーユは、みずからをキリストにする手段を得たのだ。だが、そのときから、グルヌーユは憂愁にとらえられる。はたして、グルヌーユの運命やいかに……。

〈さらし台〉では、死刑囚の死体が腐り臭う

このように、十八世紀のレ・アールは、いかにもグルヌーユが誕生しそうなおどろおどろしい雰囲気を漂わせていたが、もうひとつ、この界隈に不吉な影を投げかけているものがあった。レ・アールのすぐ近くのマルシャン広場とピルエット通りの角に建っているピロリと呼ばれる〈さらし台〉である。

このさらし台は、三十分おきに六十度回転する六角形の柱の柱頭に罪人を乗せ、頭と両手首を穴から突き出させて固定し、付近の住民がしかとその罪人の顔を眺められるようにしたもので、罪の重さにより、さらされる時間や日数が決まっていた。

さらし台は聖王ルイの時代に設置され、大革命で廃止されるまで続いたが、興味深いの

は、このピルエット通りのさらし台には、レ・アールで不正な取引をした悪徳商人が、取り扱った商品とともにさらされることが多かった点である。たとえば、腐ったバターを売った商人は、頭の上にバターの固まりを乗せられ、炎天下でバターが溶けるのにまかされた。見物人たちは、いくらでも好きな罵倒の言葉を投げつけてよいばかりか、石以外のものなら、たとえば卵や果物などをぶつけることがゆるされた。さらし台の下は民家になっていて、ここに獄吏が住み、見物人相手に投擲用の卵や野菜を販売していた。ヨーロッパで実施された拷問には様々な種類があったが、直接肉体を痛めつけることはせずに、この

レ・アールのさらし台

〈さらし台〉のように精神的ダメージを与える名誉剝奪刑も多く行われていた。一見、肉体的苦痛よりも軽い刑に思えるが、現代以上に体面を重んじる当時の人々にとって、この刑は想像以上に辛いものだったと思われる。

もっとも、さらされるのが生きた罪人だけだったら、このさらし台もそれほど不吉なものと感じられることはなかっただろう。だが、ときとして、死刑にされた極悪人や政治犯も見せしめのためにここにしばらくのあいだ「展示」されたので、その腐臭が付近に漂って、いやがうえにもまがまがしい雰囲気がかもしだされた。レ・アール付近は、このように死と生が平気で同居する不思議な界隈だったのである。

しかし、それにもかかわらず、いやそれゆえにといおうか、レ・アールは年々発展を続け、近隣の通りや建物を飲み込みながら拡張につぐ拡張をとげたが、十八世紀の後半には、朝のラッシュ時にここに集まる荷車と人の群で、周囲の道路機能は完全に麻痺するにいたった。そこで、当局は一七八〇年、かねてより批判の的となっていたイノサン墓地の移転を決め、ここに野菜・果物市場を移すことにした。

イノサン墓地に六百年にわたって「貯蔵」されてきた人骨は、ローマ時代にパリの地下に掘られた採石場跡（カタコンブ）に移され、長い間に地下にたまった汚水は完全にくみ出された。そして、消毒に数年を費やしたあと、一七八六年に、長方形の広場をもつイノサン市場が開場した。広場の中央には、近くから移されたピエール・レスコの給水泉が設けられたが、その名称は、一六世紀に彫刻家のピエール・レスコとジャン・グジョンが、この給水泉を飾る彫刻を刻んだところからきている。

もっとも、人骨はカタコンブに移されたが、墓地を囲んでいた納骨堂の回廊はそのまま商人に売却された。アンリ・マルレの石版画には、この回廊の屋根が右隅に描かれている。

このイノサン広場の給水泉は、イノサン市場が第二帝政期の一八五八年に取り壊されたあとも残り、現在は、フォーロム・デ・アールが造られたときにすこし場所を移して、同じイノサン広場の真ん中に建っている。給水泉のまわりには、フォーロム・デ・アールの大型書店フナックから出てきた客たちが本を読みながら休息を楽しんでいる。ここが、六百年にわたってパリの死骸を収容しつづけた墓地の跡であることも知らずに……。

ナポレオン三世、パリの胃袋を造る

一七八六年、野菜と果物の市場はイノサン広場に移されたが、レ・アールの混雑はそれでも解消されなかった。とりわけ、十九世紀前半にパリの人口が倍になると、それぞれバラバラに建て増しされたレ・アールの収容量は完全に限界に達したが、為政者に人を得ず、課題は第二帝政にまで持ち越された。

強権によって問題を一気に解決したのは、クーデターで皇帝の座についたナポレオン三世である。民生安定を第一に掲げるナポレオン三世は、パリ民衆の食糧庫であるレ・アールの抜本的改善をめざして、既存の建物をすべて取り壊し、衛生的で近代的な新しいレ・アールを建設するようセーヌ県知事のベルジュに命じた。あらゆる食料品の搬入、陳列、競売が合理的に無駄なくできるような実用的なレ・アールでなければならないというのが

石造の重厚なファサードゆえに取り壊されたレ・アール

ナポレオン三世の考えである。

ベルジュ知事はこのレ・アールの建築を有名な建築家バルタール（一八〇五〜七四）に委ねた。バルタールは長年、教会の建設や修復にたずさわり、一八三三年に栄えあるローマ賞を受賞した伝統的な建築家であった。

しかし、一八五二年に部分的に完成したレ・アールを見たナポレオン三世は、この石造の重厚なファサードの建物がひどく気に入らず、工事の中止を命じたばかりか、既存部分も取り壊して全面的に建て替えるよう命令するとともに、設計プランをコンペで募集することに決めた。

一八五三年にセーヌ県知事に就任したオスマンは、バルタールとはコレージュで同級生だったので困惑した。皇帝の命令は絶対だが、同級生のバルタールの面子も救ってやらなければならない。だが、新たなコンペにバルタールを参加させるためには、まず皇帝がどのようなイメージを描いているのかを知っておく必要がある。そこでオスマンは皇帝のプランをうかがいに出かけると、ナポレオン三世は「必要なのは、鉄道駅のように、人々が雨風にさらされずに自由に行き来できるような大きな傘を上にかぶせた建物だ」といって、一八五一年にロンドンで開かれた万博の会場〈クリスタル・パレス〉そっくりの絵を描いてみせた。

オスマンはさっそくバルタールを呼び、皇帝のスケッチを示して、敷地にある通りを全部屋根でおおった巨大な鉄骨の市場の集合体を設計するように頼んだ。ところがバルタールは「私にだって、ローマ賞受賞建築家の誇りというものがある。こんな鉄を剝き出しにした工場のような建物は建てられない」と設計を拒否したが、オスマンは「もし、君が引き受けてくれなければ、私がクビになる」と泣き落として、三通りのプランを提出させた。

いっぽう、ナポレオン三世はコンペで集まったプランがどれも気に入らないでいた。そこにオスマンがバルタールのプランのうち一番〈クリスタル・パレス〉に似たプランをもってきたので、「私がほしかったのはこれだ」と大喜びして、その場で採用を決めた。

この時、ナポレオン三世から「このプランを描いた建築家はどんな建物を建てているのだ」と訊ねられたオスマンは「陛下が取り壊させた建物です」と答え、「建築家は同じですが、命じた知事は同じではありません」と見得を切った。

こうして、一八五三年の九月には、従来の公共建物とは根本的にコンセプトを異にする「鉄とガラスの建造物」の建設がはじまり、一八六八年にはすべての翼が完成して、以後、一九七〇年に解体されるまで、「パリの胃袋（ゾラ）」として、巨大なこの都市の食糧補給を一手に引き受けることとなる。

パリ市心の喧噪、レ・アールをしのぶ

さて、いまでは地上から完全に消滅してしまったレ・アールの姿をしのぶには、フォーロム・デ・アール広場の一辺を構成するペルジェ通りに立って、左前方にそびえるサン゠トゥスターシュ教会を遠望するのが一番いい。

このサン゠トゥスターシュ教会の前を、ペルジェ通りに平行するかたちでランビュトー通りが走っているが、この二本の横の通りと、縦のピエール・レスコ通り、それに左手に見える円形の小麦市場［現在はピノー・コレクションを展示するアートスペース］のドームにはさまれた区域がかつてのレ・アール界隈である。この区域に、三層の屋根をもつ合計十二棟の鉄骨の建物がそびえていた。十二棟は、六棟ずつがワンブロックになり、それぞれのブロックの内部の通りはパサージュのようにこれまた鉄とガラスの屋根で覆われていた。両方のブロックの間を走ってサン゠トゥスターシュ教会の前へと抜けバルタール通りだけが吹きさらしの通りだったが、ここには、チュルビゴ通りとモンマルトル通りという斜めの通りから吐き出された荷車が次々に到着するように馬車の駐車場がおかれていた。

この配置を頭に入れたら、あとは、ゾラが残してくれた傑作長編『パリの胃袋』の描写を読むにしくはない。

「ランビュトー通りの奥のほうに現れたかすかな明るさが夜明けの間近いことを告げていた。レ・アール全体にこだまするグアーンという音がひときわ大きく唸りはじめた。とき

解体前のレ・アールの空撮写真（上）と、1920年ごろのレ・アール内部

どき、遠くの市場の呼鐘の音が、この次第に高まってくる大音声をとぎらせる。フロランとクロードは、屋根で覆われた通りに足を踏み入れた。それは活魚市場と鳥肉市場の間を走る通りだった。フロランは目をあげて、高い天井を仰いだ。天井の内側の羽目板が、鋳鉄の黒いレースのような骨組みの間で光をはなっている。彼らが二つのブロックの間の大きな通りに出たとき、フロランが頭に思いうかべたのは、奇妙なひとつの都市だった。それは、きっちりと区分された街区と郊外、農村部をもち、その中を遊歩道や街路が走り、各所に広場や四つ辻がおかれているのだが、これらすべてが、雨の日には、なにかしらの巨大な気まぐれによって、すっぽりと倉庫の中に格納されてしまうのである。（中略）そうしているあいだにも、屋根で覆われた通りには、人々が次々におしかけてきていた。両脇の歩道に沿った場所にも野菜栽培業者がいた。彼らはパリの近郊の村からやってきた小規模な農民たちで、昨日の夜に刈り取った野菜や果物の束をかごに並べていた。（中略）活魚類が到着しはじめた。荷馬車が続々とつづいている。どれも、かごをいっぱいに詰め込んだ大きな木箱を運んでいる。それは大西洋から汽車でそのまま運ばれてきた魚たちだ。活魚の荷馬車がますます増えて身の危険を感じた二人は、今度は、バターやタマゴやチーズを運ぶ荷馬車の下に飛び込んだ。それは四頭の馬に引かれた巨大な黄色い荷車で、色ガラスの手提げランプをつるしていた。人足たちが入れかわり立ちかわり現れてはタマゴの箱やチーズ・バターのかごを持ち上げて、競りの棟に運んでゆく。そこでは、鳥打ち帽をかぶった事務員がガスの明かりの下で、帳簿になにか書き付けている。クロードは、この大混乱にすっかり魅惑されていた。彼らは、光の織りなす不思議な効果に我を忘れ、作業

着をきた集団が行き交い、馬車の荷物が荷下ろしされる光景に見とれていた」（拙訳）
もちろん、こうした市場風景（口絵③）は、レ・アールが移転したパリ近郊のランジスに行けば今日でも見られるのかもしれない。だが、たとえ光景が同じだとしても、それがパリのど真ん中にあったレ・アールで目撃されたからこそ価値があったことを忘れてはならない。
パリの中心から「胃袋」が撤去されて、そこにぽっかりと空いた穴は、たとえ、フォーロム・デ・アールができても、決して埋まることはない。
だが、その空虚はいっぽうで、地球空洞説の北極の穴のように、われわれを失われたパリを求める時間旅行にいざなってやまない。レ・アールは、たんにパリの中心であるばかりか、四次元の時空間に存在するもうひとつのパリの中心でもあったのだ。パリのミステリー・ツアーは、レ・アールからはじめなければならないのである。

『ワールド・ミステリー・ツアー13〈3〉パリ篇』（同朋舎、1998年9月）

三つのブロンズ象

歴史に「if」がゆるされるのなら、パリには、少なくとも三つの巨大なブロンズ「象」が屹立していたはずである。ブロンズ「像」の誤植ではない。ブロンズ製の「象」、つまり、象のモニュメントということである。「もし」強硬な反対がなかった「なら」、そしてナポレオンが没落していなかった「なら」、エトワール広場、バスチーユ広場、そしてシャイヨーの丘の三カ所に、背中に台（塔）を戴き、鼻の先から噴水をほとばしらせる馬鹿でかいブロンズの象のモニュメントが建設され、パリは世界でもまれな「巨象」都市になっていたかもしれないのである。そうしたら、パリ観光も、今日とはまたちがった、ある種の動物園めいた趣のあるものになっていたにちがいない。私自身、象が大好きなだけに、惜しかった、残念だった、というほかない。

一頭目の象がパリに出現しそうになったのは、ルイ十五世治下の一七五八年のこと。南仏はベジエの科学アカデミーの会員シャルル・フランソワ・リバールは、当時まだパリの郊外だったエトワールの丘に、ハノーヴァーの戦いから凱旋した王の栄光を記念するため、敵を征服して帰る象をかたどった巨大なキオスク（森の中の休憩所）を建てることを提案した。そのブロンズ製の象というのは、派手な衣装と敵から奪った戦利品で飾り立てられ、背中の塔（台座）の上にルイ十五世の銅像を乗せたもので、それ自体が平らな台座の上に置かれていた。

これだけでもかなり突飛なモニュメントであるが、ユニークなのは、その象の内部だった。というのは象のお腹の中は、ルパンの作った奇巌城のように中空で、いくつかの部屋に分かれていたからである。イヴァン・クリスト『ユートピアのパリ――かくもありえたパリ』（バラン書店）には、この「エトワールの象」の内部構造を語った建築家自身の言葉が拾われているから、それを引用してみよう。

「前方の、両肩の間には、とても広い部屋が一つあるが、それには三つの小部屋が付属している。その真ん中の小部屋は頭部にあり、階段ホール状態になっていて、高くてすばらしい王座が据えられるようにつくられている。この場所は裁判を行ったり、集会に使ったりするほか、コンサートや舞踏会やその他の宴会を催すのに適している」（拙訳）

いっぽう、お尻のほうの部屋は当時の流行だった「室内における自然」、つまり人工的に作りだされた室内植物園のような様相を呈し、この象のモニュメントが、王侯貴族のた

エトワールの象の外観と内観

めのディヴェルティスマン（気ままな楽しみ）のための施設であることを示している。

いずれの部屋にもお腹の真下から大地に伸びた柱の中の螺旋階段を伝って、外側から入り込むようになっている。また、長い鼻の先からほとばしる噴水は、サイフォンの原理によって、外の泉から水を汲んできている。さらに象の大きな耳もまた、たんなる飾りではなく、お腹の中のホールで催されるコンサートの音を増幅して外部に流す拡声器の役割を果たしている。ようするに、このブロンズ象は、コンサート・ホールとミュージアムを二つながらに兼ね備えた総合的文化センターのようなものとして構想されていたわけである。もし、完成していたら、世紀の名（迷）建築として、パリを代表するモニュメントの一つになっていたことはまちがいない。

ところが、予想通りといおうか、案に相違してといおうか、このブロンズ象の総合文化センター案は、当時のジャーナリズムにはいたって受けが悪く、「まあ、せいぜい頑張っても、お菓子屋の店先を、砂糖製として飾るのが関の山だろう」くらいの評判しか生まず、結局、プランのままで実現には至らなかった。いかに酔狂な建築が流行したロココの時代とはいえ、あまりにアヴァンギャルドすぎたのかもしれない。

しかしながら、このブロンズ製の象というアイデア、これで完全に見捨てられてしまったわけではなかったのである。

時代が下って、ほぼ五〇年後の一八〇六年、ヨーロッパ全土を支配下に置き、ローマ法王から戴冠されてフランス皇帝の座（一八〇四年）についたナポレオンは、フランス陸軍の栄光を永遠のものとするため、バスチーユ牢獄が取り壊されたまま空き地になっていたバスチーユ広場に凱旋門を建立しようと決意した。しかし、建築の専門家たちは、そのようなモニュメントはむしろエトワールの丘に建てるのがふさわしく、バスチーユ広場には美しい噴水を配するだけで十分であるという意見に傾いたので、ナポレオンはその意見を入れ、ここにはモニュメントを兼ねた噴水を置くことにしたのだか、そのときに急浮上したのが、五〇年前にリバールが設計図を描いたブロンズ「象」である。セルリエという建築家が、鼻から水を吹き出す例の「象」の噴水をバスチーユ広場に建ててはどうかと提案したのである。

実際、この当時は、「象」が一つのブームになっていた。

一つには、ナポレオンのエジプト好きがある。一七九八年に、さしたる軍事的目標がな

ヴィゲのプラン

いにもかかわらず、無理やり理由をでっちあげ、多数の考古学者や画家を引きつれてエジプト遠征を行ったナポレオンは、ナイルで荷役をする本物の象を見て、おおいなる感銘を受けたと伝えられる。おまけに、この頃には、遠征に同行したエジプト学者たちが刊行した世界最大の書物『エジプト誌』がエジプトとアフリカ熱をあおり、その象徴である象をモードの中に取り入れることが流行していた。

もう一つは、ナポレオンがみずからをシーザーになぞらえ、パリをローマのような都にしようと考えていたことがある。すなわち、象を権力と永遠性のエンブレムと考えていたローマにならって、ナポレオンも、パリのどこかに象のモニュメントを置きたいと思っていたのである。

こうしたナポレオンの意を受けたのか、象のモニュメントを、バスチーユ広場以外の場所にも建立しようという建築家が何人か現れた。そのうちの一人が、ヴィゲという建築家で、こちらは、パリ南西のシャイヨーの丘に、リバールのコンセプトによく似たブロンズの象のモニュメントを建てるプランを提出した。一八〇六年のことである。この象は、リバールと同じく台座（塔）を背負ってはいるが、その上に人物像はなく、噴水にもなっていなかった。その代わり、少し離れた両脇に、翼の生えた勝利の女神像を従えるという格好になっていた。

しかし、ナポレオンが採用したのは、バスチーユの象のほうだった。というのも、シャイヨーの丘には、いずれ生まれるであろう皇太子のための宮殿を建てる心づもりがあったからだ。このシャイヨー宮殿のアイデアは、一八一一年に皇后マリー・ルイーズとのあいだにローマ王が生まれると、にわかに実現性を帯び、ペルシエとフォンテーヌが設計図を引いて、セーヌを見下ろす三層の壮麗な宮殿のプランが出来上がったが、そのアジア的豪奢さがナポレオンの気に入らず、設計やり直しになるうちに、帝政のほうが崩壊して、実現を見ずに終わった。

アラヴオワーヌのプラン

　いっぽう、バスチーユ広場の象の噴水はというと、こちらは順調に計画が進み、セルリエから仕事を受けついだジャン・アントワーヌ・アラヴォワーヌが設計図を描き、その縮尺模型を、彫刻家のブリダンに木と石膏で作らせるところまで行った。ブロンズは、一八一〇年のスペイン戦役で奪い取った敵の大砲の砲身を溶かして使うことになっていた。ところが、一八一四年の帝政の崩壊で、こちらの計画も宙に浮いてしまう。せっかくブリダンが作った石膏の象の模型は、バスチーユ広場のわきに置かれたまま、雨風にさらされて朽ち果て、最後はネズミの巣と化した。ヴィクトル・ユゴーはたくみにこの象の模型を『レ・ミゼラブル』に取り入れ、パリの浮浪児ガヴロッシュのねぐらにしている。この石膏の象は、一八四六年に取り壊されるまでバスチーユ広場にあったから、当時の風景版画にも描かれている。

このように、ルイ十五世の時代からナポレオン帝政にかけて計画された巨大象のモニュメントは結局一つも実現されることなく、わずかに、バスチーユ広場に模型を残しただけだったが、じつは、もう一つ、パリの歴史にその名を止めた象のモニュメントがある。世紀末のダンス・ホール、ムーラン・ルージュの中庭に置かれていたハリボテの象である。

一八八九年、最大規模の万博で浮かれ騒ぐパリの観光客を目当てに開業したムーラン・ルージュは、ダンス・ホールという名目をかかげてはいるものの、その実、鼻下長の客と娼婦の出会いの場を提供するためのナイト・スポットにほかならなかった。とくに、その野外舞台が設置された中庭は、客待ちをする娼婦とそれを物色する男性客の混在する不思議な場所だったが、この中庭のムードをさらに面妖なものにしていたのが、舞台わきに聳えるハリボテの象である。というのも、原寸大の象より一回り大きいその象はきわめてリアルに作られていて、さながら神の使者としての象が、セックスと遊興の殿堂をたたきつぶすためにではなく、それを鼓舞するために空から舞い降りてきたかのような印象を与えたからだ。実際、この象は、万博のチュニジア館で行われたアトラクションをヒントに作られたもので、舞台で行われる半裸の美女のベリー・ダンス（尻振り踊り）の雰囲気をもり立てるためにセットされた「快楽の背景装置」だったのである。

しかし、その由来は別にしても、このムーラン・ルージュの象は、パリジャンには親しまれ、パリで象といえば、ジャルダン・デ・プラント（植物園を兼ねた動物園）の本物の象よりも、こちらの象を思い浮かべる人のほうが多かったといわれる。あるいは、ナポレオンが作りそこねた象のモニュメントに対するパリジャンの哀惜が、このムーラン・ルージュのハリボテの象に投影されたのかもしれない。

野外舞台のハリボテの象

ナポレオンとエジプトといえば、この二つを結び付けたフリー・メイスンの思想について言及せざるをえないが、フランスでフリー・メイスンの思想がもっとも盛んだった

王立図書館の内部

十八世紀後半には、あきらかにこのフリー・メイスンの影響を受けたとおぼしき、極めて観念的なユートピア的建造物のアイデアがつぎつぎと図面化された。
その第一にあげられるのは、エティエンヌ・ルイ・ブーレが一七八五年から一七八八年にかけて、マザラン宮の中庭に配置するように設計した王立図書館である。
この王立図書館がユニークなのは、まずその外形である。それは、第二次大戦後にアメリカ軍が進駐したところに次々に建てられたあのカマボコ兵舎、すなわち円筒を半分に切ったようなトタン張りの仮設兵舎（クォンセット・ハット）にそっくりなのである。外部にはロココ期の建築にもかかわらず装飾がほとんどなく、ただの剝き出しの壁に碑銘が彫られているのみである。外側からでは、窓は側面にはまったくないように見える。天井に大きな開口部があり、光はここから降り注ぐようになっている。入口は側面にあり、両脇で二人の巨人が天球儀を背負っている。天球儀の季節は秋の空で、「学問の収穫期」を象徴している。中に足を一歩踏み入れると、さながら、巨大な船の内部に入ったような感じで、どこまでも丸天井が続くが、その中空の天井にうがたれた大きな開口部からは光がふんだんに降り注いで内部を明るく照らしている。壁面は、側面も切断面も、すべて四層に階段状になった書庫で覆われ、そこに人類の生んだありとあらゆる書物が秩序ただしく詰め込まれている。この内部の空間に似た印象の建物をしいてあげれば、現在のオルセー美術館が、そのカマボコ型の半円筒という点で一番ちかいかもしれない。オルセー美術館で絵画室に当てられている部分が全部書庫になっていると考えればいいのである。

この革命的な図書館は、けっして実現不可能なものではなかったはずだが、プラン提出の翌年に起こったフランス革命によって、すべての計画がご破算となり、残されたのは、そのウルトラ・モダンな設計図だけとなった。これまた、残念至極というほかない。

さて、今、オルセー美術館の話が出たが、このオルセー美術館、当初はオルセー駅として一九〇〇年の万国博覧会の年に建設されたものであることはすでに述べた通りである。セーヌに面したファサード（正確には側面）の設計はヴィクトール・ラルー、いっぽう、駅構内の設計を担当したのはリュシアン・マーニュで、その壮大な幾何学空間を好む傾向には、十八世紀末のフリー・メイスン的な建築家、つまりエティエンヌ・ルイ・ブーレやニコラ・ルドゥーの影響が感じられる。つまり、ブーレの理想の図書館とどこかしら通じ合うものがあったのだ。

やがて、時代は移って、二十世紀もモダニズムの時代に入り、機能主義が台頭すると、過去の美学の遺物のようなこのオルセー駅は、とたんに、若い建築家たちから悪趣味、没個性、時代錯誤と罵倒されるようになる。さらに一九〇〇年に開通した地下鉄が発達すると、オステルリッツ駅から直接、パリの各方面に行けるようになったので、パリ中心部のこの駅は完全な無用の長物となった。そして、一九三八年にフランスの鉄道がフランス国鉄(SNCF)に統合されると、文字通りの廃駅となり、戦後も、しばらくのあいだその重厚美学の巨体をセーヌ河畔にさらすに至ったのである。

ここで浮上したのが、オルセー駅を取り壊し、そこに近代的な駅ビルを建てようという計画である。このオルセー河岸再開発計画は真剣に検討され、一九六一年には新駅のコンペティションが行われ、ル・コルビュジエの出した無機質的なマッチ箱型ビルのプランが採用されそうになった。今日ではパリ名所の一つとなっているオルセー美術館も、世界のどこにでもあるような平凡なモダン・デザインのビルになる寸前まで行ったのである。

しかし、政権の交替などで担当者が目まぐるしく代わって取り壊しの決定がもたついているうちに、時代の美学そのものが変化してしまった。戦後のモダニズムが廃れ、一九〇〇年前後のベル・エポックへの郷愁が高まって、時代遅れだったはずのオルセー駅の重厚壮麗建築が一九七三年には歴史的記念物として指定を受けたのである。かくして、オルセー駅は生き延び、オルセー美術館として見事、蘇生をとげることとなる。

この例からもあきらかなように、時代の趣味はどこで入れ替わるかわからないから、歴史的記念物の取り壊しを行うのはよほど慎重でなければならない。そのことをよく示すのが、いまや完全にパリの象徴となったエッフェル塔を巡る騒動である。

一八八九年の万博に際して、ギュスターヴ・エッフェルがその目玉となる三〇〇メートルの塔を建てたとき、モーパッサンを初めとする文人や芸術家が建設反対の署名とアピールを行ったことはよく知られている。時代の美学に、エッフェルの三〇〇メートルの塔ははなはだそぐわなかったからだ。その違和感は、万博終了後も尾を引いた。そして、あらたに一九〇〇年にもパリで万博を開催することが決まると、今度こそは、周囲の雰囲気にピッタリの塔を建設しようという意見が強くなり、一八九四年に開かれた一九〇〇年万博委員会の第一回会合では、エッフェル塔を取り壊して新しい塔を立て直すか、あるいはエッフェル塔に改修を加えて、時代の美学に合った塔に作り直すか、どちらかでいくことが決まった。エッフェル塔を廃棄するか部分的に生かすかは建築家の任意に任せられたまま、コンペが行われ、さまざまな「新塔」プランが提出された。

完全作り替え派はほとんどなく、たいていがその基部だけを利用し、鉄塔部分を立て替えるデザインだった。最も大胆なものはシャルル・アルベール・ゴーチエの「世紀の塔」で、基部の上に階層状に競り上がる十階の鉄骨建築の「中国風」(?)高楼である。十階は、それぞれが十九世紀のディケイド(十年)を象徴しているという。またミンデローフという建築家のアイデアはもっと大胆で、ビザンチン風のネギ坊主のついた灯台のような石造

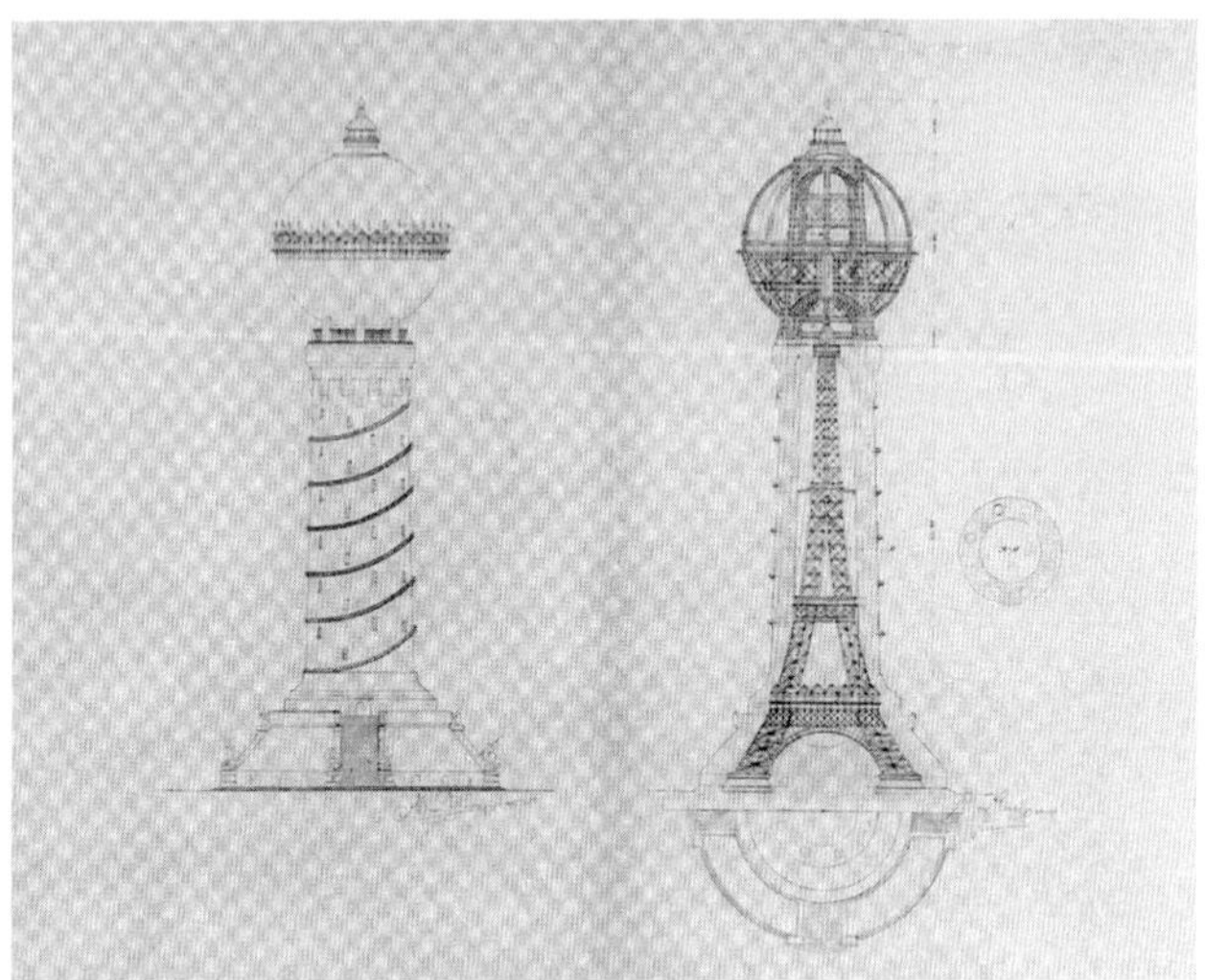

世紀の塔（上）と、十九世紀の柱塔

建築でエッフェル塔をすっぽり覆ってしまう「十九世紀の柱塔」というものだった。しかし、このミンデローフの「十九世紀の柱塔」も、ジョスト・R・サンソンという建築家の「サンソン山の中のエッフェル塔」に比べればまだまだおとなしい方だった。というのも、このサンソン山はエッフェル塔を本物の岩と土で覆って、崖道の途中に小さな村を作り、頂上から滝を流すというアイデアだったからである（口絵④）。

ギュスターヴ・エッフェル自身がこれらの突飛なプランをどう思ったのかは明らかでないが、エッフェル自身も、要請があれば、エッフェル塔に改築を加えてもいいというところまで譲歩していた。というのも建設のさい、一八八九年から二〇年たったら、エッフェル塔は取り壊すという契約になっていたから、たとえ改築の手が入っても自分の名前のついた塔を残したいと思っていたからだ。そこで、他の建築家の考えた改築プランをさまざまに検討し、なんとかこれなら許せると考えたのが、アンリ・トゥサンの「エッフェル塔を電気・土木館に改造する計画」である。これは、エッフェル塔の基部を室内野球場のような広大な「電気・土木館」で囲み、中央から塔を覗かせるというプランである。

しかし、結局のところ、いずれのプランも採用されずに、エッフェル塔は一九〇〇年の万博でもそのままのかたちで使用された。決定的なプランが出なかったのと、一九〇九年に取り壊すなら、改築する必要はないではないかという意見が多数を占めたからである。しかし、一九〇〇年以後も、エッフェル塔に対する風当たりは強く、取り壊し派と保存派が相譲らず、なかなか結論は出なかった。そのうちに、アポリネールがエッフェルの美しさを詩集『ゾーン』の中で歌い、ドローネーを初めとする画家たちがエッフェルを美しいものとして絵の中に描くようになった。しかし、エッフェル塔の保存に決定的な影響を与えたのは、陸軍が開発した無線電信である。無線電信には、より高い塔が役立つということが証明され、エッフェル塔の保存がついに決定したのである。かくして、醜いモニュメントの代表例とされたエッフェル塔は残り、やがてパリそのものとして認知されるようになったのである。もし、エッフェル塔が一九〇九年に取り壊されていたら、私はこのページで、「かつてエッフェル塔という異様な鉄塔がシャン・ド・マルスに建っていた」と書くところだったのである。

アンリ・トゥサンのプラン

エッフェル塔の取り壊しが検討されたとき、最も熱心な取り壊し派だったのが、有名な建築家のジュール・ブールデだった。というのも、ブールデとエッフェルの間には、過去に、忘れようとしても忘れられない確執があったからである。

一八八一年、パリで電気博が開かれているとき、アメリカから帰国したセビヨという電気技師が、パリに三〇〇メートルの鉄塔を建て、その頂上にアーク灯とパラボラ反射鏡を置いてパリの全域を照らす灯台というアイデアを発表した。突飛すぎるとだれもまともに取り合わなかったなか、一人だけ、このアイデアに関心を示した男がいた。一八七八年の万博でトロカデロ宮をダヴィウーとともに設計したブールデである。ブールデはトロカデロ宮が不評だったため、自分の名声を不朽にするような決定的なモニュメントを建てたいと思っていたので、このセビヨのアイデアに飛びついたのである。ただ、ブールデは伝統的な建築家だったので、セビヨのいう鉄塔は採用せず、灯はあくまで芸術的な石造建築で行くことにして、これを「太陽の塔」と名づけた。ブールデはジャーナリズムにコネがあったので、この「太陽の塔」のプランを一八八四年ころから、新聞をつかって喧伝し、その利点を数え上げた。いわく、上空では空気が澄んでいるので、結核患者などの治療にもいいし、さまざまな科学の実験もできる、云々。「太陽の塔」の建設地としてはポン・ヌフ界隈やアンヴァリッド前の広場が取り沙汰された。そのうちに、一八八九年にまた万国博覧会が開催されるという噂が流れたので、この「太陽の塔」のアイデアはかなりの実現可能性を帯びてくるようになった。

このブールデの「太陽の塔」を新聞で見て大いに刺激を受けたのは、ギュスターヴ・エッフェル建築事務所で働く建築技師ケクランとヌギエである。彼らは、万国博覧会が開かれるなら、その目玉となる塔のコンペがあるはずだと睨み、簡単な三〇〇メートルの鉄塔の設計図を引いた。この設計図を見たエッフェルは当初、あまり関心を示さなかったが、万国博覧会の開催が正式決定されると、突然考えを変え、二人から三〇〇メートルの塔のアイデアを買い取る決心を固め、正式契約を結んだ。エッフェルはときの内閣の首班ジュール・フェリーと親しかったので、ブールデの「太陽の塔」に競り勝つ目論見があったのである。

ところが、そこで、アクシデントが起きる。一八八五年の三月にフェリー内閣が倒れ、フレシネ内閣が成立してしまったのである。フレシネはブールデと親しかったので、「太陽の塔」のプランが採用されるのは時間の問題だった。しかし、ここでまた事態は予想外の展開を見せる。フレシネ内閣の商工大臣として入閣したロクロワが筋金入りの産業主義者で、断固、エッフェルのプランを支持したのだ。かくして、ここにフレシネ・ブルデ組対ロクロワ・エッフェル組の陰謀合戦が始まり、どちらのプランが採用されるか予断を許さない状況になったが、結局、勝利したのは、ガリヴァルディの赤シャツ隊上がりで陰謀技術に富んでいたロクロワだった。というのも、ロクロワは一八八五年の五月に発表されたコンペの応募規定に「高さ三〇〇メートルの鉄製の塔」という一条を滑り込ませ、ブー

ブールデの「太陽の塔」

ルデの石造の「太陽の塔」をあらかじめ封じ込める対策を取っていたからである。ブールデはあわてて、石造を鉄製に変えた「太陽の塔」のプランで応募したが、初めからエッフェルのプランで行くことにしていたロクロワは、アーク灯でパリを照らすなど非現実的として、あっさりこのプランを却下し、一八八七年にエッフェルと正式契約を結んだ。こうして、「太陽の塔」は歴史の忘却の中に沈み、エッフェル塔が残ったのである。

現在、エッフェル塔を除いてパリのイメージを描くことは不可能である。それほどにエッフェル塔はパリそのものと化しているのだ。だが、その誕生のときにも、誕生後にも、エッフェル塔には、二十年という短い命しか与えられていなかった。だが、エッフェル塔はありとあらゆる障害を乗り越えて「残った」。これは、あきらかに、世紀の奇跡と呼んでいい。この意味で、パリの最高の幻想建築を選ぶとなったら、それは、エッフェル塔なのかもしれないのである。

『ワールド・ミステリー・ツアー13〈13〉空想篇』（同朋舎、2000年6月）

パリのデパートは民衆のヴェルサイユ宮殿だった！

デパートの起源をどこに求めるかは、デパートをどう定義するかで、いろいろと変わってくるが、大型の衣料小売店（マガザン・ド・ヌヴォオテ）として第二帝政の前期（一八五二〜六〇）に開業したフランスのデパートが、われわれが今日イメージするような「夢の宮殿」へと大きく変貌を遂げたのは、十九世紀後半に登場した二つのファクターをきっかけとしている。

一つはいうまでもなく、一八六七年にナポレオン三世が帝国の威信をかけて開催した第二回パリ万博であり、もう一つは一八七五年の新オペラ座の完成である。

一八六七年に空前の規模で開催された第二回パリ万博は、一八五五年の第一回パリ万博がサン・シモン主義の唱える「事物教育を介しての民衆福祉型資本主義の学習」を前面に押し出しすぎてお勉強的な要素が強かったことへの反省と観客動員の必要から、広大な楕円形の会場のほかに、庭園と異国風パヴィリオンというドリーム・ワールド的な要素を加えたが、そのため、万博会場そのものが「消費の宮殿」と化すこととなる。

この夢のような万博会場に足を運んだ民衆は、そこに展示された無数の商品を「見る」

ことによって、日常とは掛け離れた夢の世界に遊び、なんだか訳はわからないがワクワクした気分になって家路についた。

ところで、この「曰く言いがたい高揚感」というのは、文化史家のロサリンド・ウィリアムズが「ヴェルサイユ効果」と呼ぶ富裕のファンタジーによるものだった。

「大衆消費の環境とは、消費者が一時的に富裕のファンタジーに浸ることのできる場所である。こうした環境は、少なくとも営業時間内にはすべての人々に開かれたヴェルサイユ宮殿であるといえる」(『夢の消費革命　パリ万博と大衆消費の興隆』吉田典子・田村真理訳、工作舎)

富裕のファンタジーの因ってきたるところは、第一に、博覧会に出品された商品がそれぞれ切磋琢磨した結果、消費者に富裕のファンタジーを与えることのできるようなもののみがサバイバル・レースに生き残ったこと。いいかえれば、一つのオブジェの中に「ヴェルサイユ宮殿」を封じ込めることに成功した商品だけが、観客の喝采を呼ぶようになったのである。「商品のヴェルサイユ化」である。

もう一つは、こうしたヴェルサイユ化した商品が展示されていた会場そのものがヴェルサイユ化を強いられたこと。せっかく商品がヴェルサイユ化しても、それが倉庫のような殺風景な会場に並んでいたのでは、富裕の幻影は生まれてこない。会場そのものもまたヴェルサイユ宮殿のように豪華絢爛でなければならないのだ。

この一八六七年万博の会場を観察して歩いたデパート経営者たちは、例外なく、おおいなる啓示を受けた。というのも、彼らは商人の嗅覚から「商品のヴェルサイユ化」が売上倍増の秘訣ということは分かっていたのだが、会場そのものもヴェルサイユ化する必要については自覚していなかったからである。会場を散策しながら、アリスチッド・ブシコー(『ボン・マルシェ』)、ジュール・ジャリュゾ(『プランタン』)、ショシャール&エリオ(『ルーヴル』)などはみな、「そうだ、これだ!」と閃いたにちがいない。というのも、このときの万博の楕円形展示会場というのは、「巨大」という要素は満たしてはいたが、「壮麗」という要素はまだ不十分だったからである。展示場のヴェルサイユ化のカギは「壮麗」にあるのだ。

そこで、彼らデパート経営者たちは、万博の終了を待たずに次々と「店舗のヴェルサイユ化」、つまり売り場の拡張と壮麗化を計ることになる。折りから、セーヌ県知事オスマンの第三次パリ改造計画が遂行中で、周辺の土地が区画整理され、土地買収が容易になっていたのも追い風となった。

だが、ここで問題が生じる。一口に「店舗のヴェルサイユ化」といっても、そのモデルをどこに取るべきかという問題である。消費者の「富裕の幻影」を最大限にかきたて我先に店舗に足を運ばせるには、どんな外観とインテリアの店舗を造ればいいのか?

この問題に直面したとき、彼らの脳裏に閃いたのは、その頃にようやく全貌をあらわにしつつあった新オペラ座であった。

一八五八年一月四日、ルペルティエ街のオペラ座入口でイタリア人愛国者オルシニに爆弾を投げ付けられて負傷したナポレオン三世は、暗殺未遂事件の原因はオペラ座へのアクセスの悪さにあると考え、改造なった帝国の首都にふさわしい新オペラ座の建設を決意、一八六一年にコンペを行い、シャルル・ガルニエの手になるバロック様式とロココ様式の折衷様式たる壮麗なプランを採用することにした。ところが、地盤の悪さから工事が難航し、一八六七年の万博には、かろうじてファサードが完成するのみにとどまった。

だが、デパート経営者にとっては、この新しいオペラ座のファサードだけでも、新店舗の構想を膨らませるには十分だった。彼らは、さまざまなルートを使って、新オペラ座の内外装に関する情報を入手すると、それを参考に続々と新店舗の建設に着手した。

オペラ座の開場は一八七五年に予定されていたので、そのタイミングに合わせて新館を完成させることがデパートの至上命令となった。

すなわち、「ボン・マルシェ」第一新館（一八七二年、建築家アレクサンドル・ラプランシュ）、同第二新館（一八七四年、建築家ルイ・シャルル・ボワロー、鉄骨設計ギュスターヴ・エッフェル）、「プランタン」新館（一八七四年、建築家不祥）、「ルーヴル」第一新館（一八七四年、建築家不祥）、第二新館（一八七七年、建築家アンリ・デュボワ）などである。

これら新装なったデパートにおいては、壁面はすべて漆喰ではなく御影石などの高級石材で覆われ、正面入口には女像柱（カリアティッド）、屋根には巨大なドームが載せられていた。それは、まさに第二帝政様式とかナポレオン三世様式と呼ばれたオペラ座を先取りした新しい建築様式であり、デパートというよりも、新時代の宮殿か劇場を思わせた。

そして、このヴェルサイユ化したファサードに胸をときめかせながら、入口をくぐった消費者を待ち受けていたのは、オペラ座からインスピレーションを受けた壮麗な中央階段である。たとえば、「ボン・マルシェ」第二新館の一階から四階まで連続してつながる馬蹄型の三重階段は、そのままオペラ座の舞台へつながるのではと錯覚をいだかせるほどの「異次元」性を演出し、消費者に対する「夢見効果」を加速させていた。

いっぽう、中央階段の豪華絢爛さでは劣った「ルーヴル」と「プランタン」は、エレベーターの導入という新機軸で「ボン・マルシェ」に対抗しようとした。常に新しいものに飢えている消費者をイベント性で誘惑しようと努めたのである。

ボン・マルシェの三重階段

では、こうした中央階段やエレベーターで一種の「天上」へといざなわれた消費者をさらなる「夢見状態」のうちに引きとめておくために、デパートがどのような演出を考え出したかといえば、それは、吹き抜け部分の天井を鉄とガラスで覆ったクリスタル・ホールだった。

吹き抜けを鉄とガラスで覆うというこの種の建築方法が登場したのは、十九世紀の初頭、パサージュや鉄道駅、博覧会場といった大きなスパンの建物に十分な採光を確保するためだったが、一八七〇年代に新装なったデパートが狙ったのは、採光という現実面での効果よりも、むしろ、室内の中に突如出現した自然という「地球空洞説」的な「異界的効果」であった。つまり、そこでは、外部とは違った摂理に基づく別次元の世界、すなわちドリーム・ワールドが広がっており、そこに降り立った消費者は、そのドリーム・ワールドのルールに従って行動することを余儀なくされるのである。

じつは、ガラス天井で演出されるこうした「地球空洞説」的な「異界性」というのは、ヨーロッパの人々、とりわけフランスの民衆にとっては、かねてよりなじみのものだった。というのも、彼らが日曜ごとに足を運ぶ教会、なかんずく大司教区に置かれたゴシックの大聖堂(カテドラル)はどこまでも上に伸びた天井とステンドグラスによって「神の世界」を連想させるドリーム・ワールドにほかならなかったからである。

近年の歴史研究では、こうしたゴシックのカテドラルの内部空間というのは、深い森の奥にドルイド教の神を鎮座させていたケルトの農民をキリスト教徒化するためのイメージ戦略だったという見方が有力になっているが、だとすれば、デパートにおいて登場したガラス天井という異次元空間は、二重の意味でフランス人の深層心理を撃ったことになる。つまり、クリスタル・ホールは、森の民であったフランス民衆に、ドルイド教とキリスト教の「崇高なる神」のイメージを蘇らせるというダブルのサブライム効果を持っていたのである。

こうしたサブライム効果を知悉していたのが、「ボン・マルシェ」の創始者ブシコーである。なぜなら、ブシコーは一八七二年に完成した第一新館のガラス屋根が小さく、柱も石作りで崇高さに欠けていると判断したのか、ただちに二期工事を開始し、ガラス天井を最大限に取り、それを装飾の多い鋳鉄の柱で支えた第二新館を完成させた。これが、ゾラが『ボヌール・デ・ダム百貨店』の中で「現代商業のカテドラル」と呼んだ「ボン・マルシェ」のクリスタル・ホールである。

このクリスタル・ホールに足を踏み入れた消費者は、一挙に一千年の時間を溯ってガリアの暗い森に拉致され、鋳鉄製の巨木の葉陰の木漏れ日に眼をしばたいたかと思うと、次の瞬間にはノートルダム大聖堂の内陣へと運ばれて、天上への憧憬を吹き込まれることになる。ひとことでいえば、宗教的にマインド・コントロールされてしまうのである。

だが、現実には、そこは大聖堂ではなく、現代の商業空間である。その結果、マインド・コントロールされた消費者は、自分の宗教的な感情の高ぶりを満たすために、お賽銭を捧げるつもりで、展示されている商品を購うことになるのだ。

こうした魔術師ブシコーのサブライム戦略によって誘惑された消費者は、予想外の散財を強いられ、必要もない商品まで買わされてしまっても、それを恨みに思うことはない。

なぜなら、買い物は、すでにその性質を変えており、それ自体が目的となってしまっているからである。

マイケル・ミラーは、こうした消費行動について、卓越した「ボン・マルシェ」論の中でこう語っている。

「《ボン・マルシェ》はある種の恒常的祝祭、一種の制度、ファンタスティックな世界、とてつもない大スペクタクルとなり、人々がそこに出かけるのは、事件や冒険に加わるためということになる。つまり、これこれの品物を買いにいくのではなく、ただたんにそこを訪れるためであり、たまたま買い物をしたとしても、それは楽しみのためであり、生活に別の次元を加えてくれる経験に参加するためということになる」（『《ボン・マルシェ》ブルジョワ文化とデパート　1869 - 1920』拙訳）

このようにしてブシコーを始めとするデパート経営者によって確立された誘惑の文法は、時代が進んでテクノロジーが進化するにつれ、より高度な次元に近づく。

具体的にいうと、世紀末から二十世紀初頭に一世を風靡したアール・ヌーヴォー様式が、素材をガラスと鋳鉄に仰いでいたことから、デパートの内部空間はそっくりそのままアール・ヌーヴォーの実験場の様相を帯びるに至るのだ。

とりわけ、アール・ヌーヴォー化が激しかったのは、新興のデパートとして「ボン・マルシェ」と「ルーヴル」に追いつき追い越せとばかりに新機軸を打ち出そうとしていた右岸の三軒のデパート、「プランタン」「ギャルリ・ラファイエット」「サマリテーヌ」である。

このうち先陣を切ったのが、一八八一年に火事で全焼の憂き目を見た「プランタン」である。「プランタン」は火事を奇貨として内装を一新させ、同年に早くも「鋳鉄芸術の華」ともいえる巨大なクリスタル・ホールを完成させたが、一九〇七年に経営がジャリュゾからギュスターヴ・ラギョーヌの手に渡ると、ラギョーヌは店舗の全面的作り替えを図り、一九〇〇年のパリ万博で巨大な入場門を設計した建築家ルネ・ビネを筆頭とする「鋳鉄の魔術師」たちにその内装を任せた。こうして一九〇七年に完成した「プランタン」の新館は、アール・ヌーヴォー彫刻の雄「アトリエ・プリマヴェーラ」製作の「鋳鉄の花々」が至るところに咲き乱れる異様な空間と化した。それはほとんど「鋳鉄の植物園」であり、バロック化に振れたインテリア競争が行き着いた極点を示していたが、これら「鋳鉄の花々」は、一九二一年に再度「プランタン」を襲った大火災により、すべて飴のように溶けて、そのは

プランタンの中央階段

かない一生を終えた。文字通りの徒花だったのである。現在の「プランタン」は、この大火災の後、一九二四年に再建されたものを基本としており、アール・ヌーヴォーとアール・デコの折衷様式である。

いっぽう、現存のデパートの中では最後発の組に属する「ギャルリ・ラファイエット」は、その遅い出発を利して、コンクリートを建材とする建築様式で一九一二年に新館を完成させたが、フェルナン・シャニュの手になるこのデパートは、建物全体が丸ごとアール・ヌーヴォーであるような一種異様な建築物であった。それは、たとえてみれば、ガウディのサグラダ・ファミリア教会がデパートに転用されたようなもので、もし現存していればアール・ヌーヴォー建築の代表例となったはずだが、アール・ヌーヴォーが廃れると経営者は一九三二年に、無慈悲にもこのアール・ヌーヴォーの傑作の一部を取り壊し、モダン様式の新館を完成させた。それでも、中央の巨大

ギャルリ・ラファイエットのホール

サマリテーヌのモネ通り側のファサード

なクリスタル・ホールには、今日でも、フェルナン・シャニュの設計の名残がいくぶんかは感じられる。

これら、内装にこだわったデパートとは対象的に、「サマリテーヌ」は人目を驚かすようなインテリアを生み出すことはなかったが、その替わり、ファサードは、アール・ヌーヴォーとアール・デコ、及び、一九三〇年代のモダン建築をそれぞれに代表するような建築家によって設計され、今日にもその姿を伝えている。すなわち、モネ通りに面した建物（一九〇七年）のファサードは画家ウージェーヌ・グラッセのレタリングを掲げた素晴らしいアール・ヌーヴォー様式、セーヌ側の建物のファサードはアンリ・ソヴァージュ設計になるアール・デコ様式、リヴォリ通りのファサードはエドゥアール・シェンク設計のメタリックなモダン・デザイン（一九三〇年）というように、「サマリテーヌ」の回りを一周すれば、二十世紀前半の建築様式が一通り見学できるようになっているのである。

現在、労使紛争の煽りで「サマリテーヌ」は休業に追い込まれ、内部を見学することはできないが、ファサードだけでも十分に見学の価値はある。

同じように、左岸の雄「ボン・マルシェ」は、一九二〇年に家具売り場用の新館を建てたが、これはアール・デコの代表的建築家ルイ・イポリッド・ボワローの手になる建築で、インテリアにもアール・デコがふんだんに使われている。

このように、パリのデパートは、消費者を幻惑するサブライム戦略の一環として建物を時代の様式に合わせて変化させてきたわけだが、建物以外の面でも、サブライム戦略は様々に使われていた。

その一つが、固定客向けに毎年発行していたアジャンダ（家計簿兼用日記）である。最初、固定客のための便利帳という趣で始まったアジャンダだが、デパートのヴェルサイユ化競争が激化するにつれ、そのサブライム戦略はアジャンダにも及び、装丁は年々ゴージャス化した。とりわけ、第一次大戦が終わり、好調な消費が戻ってきた一九二〇年代から一九三〇年代初頭にかけて各デパートによって発行されたアジャンダは、ある意味、ブック・アートの頂点ともいえる豪華さで、一流のグラフィック・デザイナー、写真家、タイポグラファー、イラストレーターなどが金に糸目をつけずに集められ、語の最も正しい意味でのコラボレーションが実現した。

私は、デパート芸術の華ともいえるこのアジャンダのコレクターだが、ときおり、思い出したように書棚からアジャンダを取り出しては、そのたびに、一九三〇年までのパリのデパートは、たしかに「民衆のヴェルサイユ宮殿」であり、「現代商業のカテドラル」であったと深く頷かざるをえない。

デパートこそは、間違いなく、時代のあらゆる才能が収斂している焦点であったのである。

『TITLe』7月号(文藝春秋、2007年5月)

「説明不能ななつかしさ」がつくる体験。

「未生の記憶」という言葉がある。生まれる前の、覚えているはずもないことを記憶していると感じる摩訶不思議な心理現象を指す。

私がこの「未生の記憶」に遭遇したのは、初めてパリのボン・マルシェ・デパートに足を踏み入れたときのこと。「なっ、なんだ、この、どうしようもなく懐かしい感じは。これは一体なんなんだ！」と叫びそうになった。いくら記憶をたどってもボン・マルシェのような内部空間に身を置いたことはない。なのに、なぜか懐かしくてたまらない。

結局、私はこのときの気持ちを核にして、ボン・マルシェの創業者であるブシコー夫妻の本『デパートを発明した夫婦』（講談社現代新書）を書き上げた。ボン・マルシェの内部空間のことを調べてみてわかったのはボン・マルシェの新館が完成した一八七二年に初めて館内に入った顧客たちが感じたのもこの説明不能な「なつかしさ」だったということだ。つまり「未生の記憶」を私ばかりか彼らも感じたのだ。なぜだろう？

それはブシコー夫妻がそのようにボン・マルシェの内部空間を創ったからである。つまり、天才的商人である夫妻は顧客がいつまでもそこに居たいと思うような内部空間を創るにはどうすればいいかを徹底的に考えたあげく、この「説明不能ななつかしさ」はどこからくるのかと問題設定を行い、最終的にそれは「未生の記憶」から来ると解いたのだ。

どこで？ ノートルダム大聖堂で。

だが、なにゆえにノートルダム大聖堂に「未生の記憶」の淵源があったのか？

ノートルダム大聖堂はローマ帝国を瓦解させたゲルマン民族の枝族フランク族がパリのシテ島に七世紀に建てたキリスト教会をもとにしている。そこはローマ時代には万神殿が置かれていた場所であり、さらに歴史を溯れば先住民だった森の民ケルト人のドルイド教の神殿があったところである。

そして、なんとも不思議なことに、十二世紀にノートルダム大聖堂がゴシック様式で再建されたとき、その内部空間にはこうしたガリア↓ローマ↓ゲルマンという民族の集合的無意識が封じ込められたのである。

おそらく、先祖代々のガリアの農民だったブシコー夫妻はノートルダム大聖堂で祈禱を捧げているとき、こうした先住民族への遡行を無意識のうちに成し遂げ、「未生の記憶」の淵源に到達したにちがいない。

ボン・マルシェはしばしばノートルダム大聖堂のコピーであると言われるが、じつはそうではない。本当はボン・マルシェはノートルダム大聖堂がコピーしたケルト人の原始の森を復元したのである。

というわけで、ボン・マルシェの「説明不能ななつかしさ」は二〇〇〇年ほど前に失われたケルトの森の神殿が「未生の記憶」によって甦ったものだということができる。

　思えば、われわれの祖先の原日本人もケルト人とよく似た森の民であり、ユーラシア大陸の辺境に生きたという点でも同じである。そして、森そのものを神の顕現するサンクチュアリとして崇めてきたのも似ている。私がボン・マルシェで感じた「説明不可能な懐かしさ」は、我らが先祖の聖なる森が「未生の記憶」としてＤＮＡの中に残存していたからにほかならない。

　かくて、結論。集客の秘訣が顧客体験の分析にあるというのだったら、その分析は中途半端なものであってはならない。顧客の「未生の記憶」の淵源にまで溯るような分析でなければならないのだ。

　その場合、日本人という枠はかえって邪魔になる。七万年前にアフリカを出てユーラシアの両辺境に達したホモ・サピエンスという括りにおいて日本人とヨーロッパ人は共通の「未生の記憶」を持つゆえに顧客体験の先例はアメリカよりもむしろヨーロッパで見つかることが多い。これが私が経験から割り出した法則なのである。


『XD MAGAZINE』vol.2（プレイド、２０２０年２月）

V

パリのカフェとデザート

パリの文化を創ってきたのは、いつもカフェでした

私はいま、パリにおける盛り場の覇権とカフェの関係ということに興味を抱き、雑誌『ふらんす』で「パリ風俗事典」の連載を続けているのだが、いかにも、フランス的だと思えるのは、ひとつの盛り場が隆盛に向かうきっかけとして、かならず文人や画家の集まるカフェの出現という要素があることだ。

たとえば、十八世紀。人工的に作られた最初の盛り場であるパレ・ロワイヤルは、カフェをきっかけに生まれたといえる。すなわち、まずパリ・ロワイヤル近くの通りにあったカフェ・ド・ラ・レジャンスやカフェ・ド・フォアという有名カフェがこの中庭に野外テラスを設けたことがディドロやダランベールなどの百科全書派の人気を呼び、所有者オルレアン公がそれに目をつけて、この王宮をアーケード付きのショッピングセンターに改造しようと目論んだときに誕生したものである。

社交界でアイスが大流行

同じように、パレ・ロワイヤルの次に覇権を握ったグラン・ブールヴァール、とりわけブールヴァール・デ・ジタリアンの隆盛は、まだここが緑豊かな新開地だった王政復古期（十九世紀初頭）に、「カフェ・ド・パリ」、「カフェ・トルトーニ」、「カフェ・アングレ」などの新興カフェがミュッセやネストール・ロックプランといったダンディなロマン派の詩人、ジャーナリストに注目されたことに始まる。なかでも、トルトーニは同名のイタリア人経営者がナポリからもたらしたアイスクリームが評判を呼び、それを一度食べてみたいと希望する社交界の貴婦人たちが立ち寄るようになったために一躍、人気スポットとなったという点で、今日のトレンディ・カフェの走りといえる。

十九世紀の後半からは、モンマルトルの裾野の広がる外郭ブールヴァールが先鋭的なパリジャンの人気を集めるようになったが、その理由は、「カフェ・ゲルボワ」、「ヌーヴェル・アテーヌ」、「ラ・モール」といった芸術・文芸カフェがかたまり、そこにマネ、モネ、ドガ、ルノワールなどの画家、ゾラ、ドーデ、ヴェルレーヌ、ランボーなどの詩人・作家が群れ集い、口から泡を飛ばすような議論を戦わせて、一種の〝芸術学校〟〝文芸教室〟のごとき雰囲気をかもしだすようになったことにある。やがて、その流れは、ロドルフ・サリが「シャ・ノワール」を、アリスティド・ブリュアンが「ル・ミルリトン」を開店し、文芸キャバレーというジャンルを創り出すに及んで決定的なものとなった。世紀末芸術、ベル・エポックの文芸は、モンマルトルのカフェ・キャバレーの繁栄と絶対に切り離せないものである。

ところが第一次世界大戦を挟んだ頃から、モンマルトルの人気は急に下火になる。芸術家や文人たちが一斉にモンマルトルを離れ、モンパルナスに集まるようになったからである。モンパルナスが新しい盛り場として踊り出たのは、モンパルナス大通りとラスパイユ大通りが交差するヴァヴァン交差点に、「ドーム」、「ロトンド」、「セレクト」、「クーポール」といった大型のカフェやレストランが誕生し、ある種の〝芸術・文芸の証券取引所〟といった様相を呈するようになったことによる。つまり、東欧や南米、あるいは日本からやってきた無名画家や無名作家でも、これらのカフェやレストランに自分の作品を持っていき、そこで先輩や画商、編集者たちに才能を認められれば、たちまちにして有名人というモンパルナス・ドリームが可能になったからだ。やがて第一次大戦が終わると、こうしたモンパルナス・ドリームの評判を聞きアメリカからやってきたヘミングウェイ、フィツジェラルド夫妻、ドス・パソス、ヘンリー・ミラーら作家や詩人が、「ドーム」、「ロトンド」、「セレクト」などを占領し〝米領モンパルナス〟をかたちづくることになる。

戦後、過熱したカフェブーム

しかし、こうしたモンパルナスの繁栄は一九二九年のウォール街大暴落で突然終わる。そして、第二次大戦後まで新しい盛り場は誕生しない。戦後、盛り場の覇権を握ったのはサンジェルマン・デ・プレだった。それは、ブールヴァール・サンジェルマンとボナパルト通りが交差するサンジェルマン・デ・プレ広場に面した「ドゥ・マゴ」と、一軒おいた隣にあった「カフェ・ド・フロール」が、哲学者ジャン＝ポール・サルトルとシモーヌ・ド・ボーヴォワールのカップルの〝書斎〟として使われ、彼らに憧れるアプレ・ゲール（戦後）の若者たちがこのふたつのカフェに集まったことによる。この中から、多芸多才の天才ボリス・ヴィアンや黒ずくめのシャンソン歌手ジュリエット・グレコが現れ、サンジェルマン・デ・プレ人気は頂点に達する。この雰囲気を知りたい人には、ジャン・コクトー監督の映画『オルフェ』がお薦め。とくに、冒頭のシーンは、戦後のサンジェルマン・デ・プレの過熱ぶりがよく描写されている。

このように、パリのカフェは芸術家や文人によって先導され、その文化度が盛り場の覇権を決定する傾向が強かったが、七〇年代からは、むしろ、モードやフォト・ジャーナリズムの〝業界人〟がカフェ文化の担い手となっている。バスチーユやオベルカンフが人気スポットになったのは、この典型である。果たして二十一世紀のパリは、どんなカフェがパイオニアとなって盛り場の趨勢を決定するのか、おおいに興味のあるところである。

『madame FIGARO japon』1/5号（ＴＢＳブリタニカ、２００８年12月）

一九二〇年

第一次世界大戦まで、フランスには、出会いの場としてカフェとサロンという二つのトポスがあったが、この二つは画然と区別されていて、交わることはなかった。

カフェは、原則、出入り自由で、何か一つ注文しさえすれば閉店まで好きなだけ空間を占有できた。これは現在に至るフランスの良き伝統である。この伝統があったため、カフェは芸術家や文学者たちが自由闊達な議論を交わす場所となり、そこから、芸術や文学の新しい流派が生まれた。ボードレールやミュルジェールが日参した「カフェ・モミュス」はプッチーニの『ラ・ボエーム』で一躍有名になったし、また、「カフェ・ゲルボワ」はマネやモネ、それにゾラたちが集まって新しい絵画について議論したことから印象派の拠点の一つとなったことが知られている。

ただし、カフェには見えない障壁があり、女性が一人でカフェに入ったら娼婦と見なされる危険があった。カフェは男性天国だったのであり、一般女性の社交はサロンで行われていた。こう書くと、サロン・ド・テのようなものを連想するかもしれないが、フランス語でただ「サロン」といった場合、それは、上流マダムの私的空間を意味し、そこに出入りできるのは許された人間に限られていた。

こうした上流サロンの客の多くは男性であった。極端な場合、女性はマダムだけでゲストは全員男性というサロンさえあった。

これは、フランスには女性は結婚・出産を終えたあと初めて男性と付き合う自由を得るという独特の風習があったためである。婚前交渉は固く禁じられ、結婚は家と家、財産と財産の結合であったが、結婚後にはフリー・ハンドの自由を得て、自宅でサロンを開き、好みの男性を既婚、独身の別なく招待できたのである。もちろん、サロンのマダム同士の付き合いもあったし、意中の男性をめぐっての女同士の鍔ぜり合いも起こったようである。サロンは社交界という意味でモンドとかソシエテ（ハイ・ソサエティのこと）とも呼ばれた。バルザックやプルーストの小説はこのような背景から読み取らねばならない。

結論すれば、カフェが開放的であったが女性には閉じられていたのに対し、サロンは閉鎖的だったが、女性がその中心にいたということである。

こうしたカフェとサロンの二元論的世界は、第一次大戦の終わりとともに終焉を迎える。上流階級が没落し、サロン文化を担う女性たちがいなくなったからである。

ただそうした変化の前兆はすでに戦前の一九一三年から現れてきていた。この年を境にモードが装飾的エレガンスから機能的シンプリシティへと決定的に変わったからである。女性は家庭の天使であることを止め、街に出たのである。

モードの世界でこうした変化を象徴していたのがガブリエル・シャネルである。シャネルの創り出すモードはサロン文化を脱して外の社会へと飛び出していこうとしていた女性たちの「無意識」を表していたのだ。

新興の盛り場であるモンパルナスやサン・ジェルマン・デプレに誕生した大型のカフェは、戦後、一番早くこうした一九一三年的なドラスティックな変化を感じ取ったトポスかもしれない。それまで事実上門戸を閉ざしていた一般の女性を新たな客として迎えるために、娼婦の出入りを禁じるという方針を打ち出したからである。

しかし、変化は急には現れなかった。社交界の女性たちはカフェには抵抗があったのだ。一九二〇年代の左岸のカフェに新しく現れた女性たちとは女流芸術家と女流詩人、それにパリのカフェ文化に憧れてやってきた外国人の女性たちだった。とりわけドル高でフランの価値が下落すると、アメリカから大挙してインテリ女性たちがパリを訪れ、モンパルナスのカフェに集まるようになった。

そのため、まだ娼婦が女性客の大半を占めていた右岸のカフェとは異なり、モンパルナスのカフェには、さまざまな異装に身を包んだ前衛的で個性の強いフランス女や外国人女たちが現れ、芸術家や詩人たちと並んで店のテラス席を占拠するようになる。

だが、こうした光景は、イヴニング・ドレスやタキシードの上流人士にとっては逆に敷居が高くなったように感じられたようだ。

しかし、最新流行のものを取り入れるのに貪欲なモード業界にあっては、こうしたモンパルナスのカフェのアヴァンギャルドな様相は刺激的に映り、斬新なデザイナーたちは、新しいスタイルを模索し始めるようになる。

そのきっかけの一つとなったのがヴァヴァン交差点の「ドーム」の向かい側に一九二三年に開店したナイト・クラブ「ジョッキー（フランス風発音はジョッケー）」である。

このアメリカ西部の酒場を模したようなナイト・クラブはダンスフロアーこそ狭かったが、開店と同時に超満員の盛況となった。

黒人ピアニスト、リー・コープランドがひくジャズに合わせて、最新流行のチャールストンのステップが踏めたからである。舞台にはモンパルナスの女王キキが立って、しわがれた声でシャンソンを謳った。この雰囲気をこよなく愛したのがジャン・コクトーとピカソであり、またシュルレアリストながら上流階級とも太いパイプを持つフランシス・ピカビアやトリスタン・ツァラであった。

こうした異種混合的な動きは彼らがなにか新しいものを企てるときにパトロンヌの役割を果たしていたガブリエル・シャネルに刺激を与えないではいなかった。彼女は戦後、パリに亡命してきたストラヴィンスキー一家をガルシュにある邸宅に受け入れ、恋愛と創造の両面で大きな刺激を受けていたが、その「外」へと広がるムーブメントはこうしたモンパルナスとの出会いでさらに加速された。それは、ある意味一九一三年の「予感」の的中であったが、現実の変化はこうした予言者シャネルをも興奮させたのである。

かくて、モンパルナスでは、画家の上っ張りとタキシードが共存する時代となり、やがてその共存は「ジョッキー」からあふれ出てモンパルナス全域を支配するに至った。

ガブリエル・シャネルが一九二〇年代に打ち出したモードは、芸術家のカフェ文化と上流階級のサロン文化（ハイ・ソサエティ）が融合することで生み出された「カフェ・ソサエティ」を象徴していた。そして、それは同時に、外に出て、芸術家や文学者たちと対等の立場で交流する「自立した女性」という新しいコンセプトの表出でもあったのである。

『婦人画報』11月号（ハースト婦人画報社、２０１４年10月）

エスプレッソ、その語源。

エスプレッソ文化はもう日本にしっかり定置している。しかし一九七九年に半年ほどパリに滞在して帰国し、エスプレッソが飲みたくなって東京中を探しまわったときには、エスプレッソ・マシーンを備えている店は数軒しかなかった。いずれも当時、何百万円もした業務用エスプレッソ・マシーンを輸入して、フランスやイタリアのエスプレッソ文化を定着させようと孤軍奮闘していたのである。

こんな状況は一九八四年から一年、在外研修でパリにいたときにも変わりなかった。同じころに在外研修でパリにいた私の先輩の中には、日本でもエスプレッソを飲み続けるために、帰国直前にパリのデパートで五〇万円もする自家用エスプレッソ・マシーンを購入した人さえいた。

それからしばらくたって、一九八七年頃から急速にエスプレッソが普及しはじめたことは誰でも知っている。いまでは数万円でエスプレッソ・マシーンが買える。こんな時代になろうとは誰が予想しただろうか？

ところで、このエスプレッソ、フランス語では express と綴って「エクスプレス」と読む。これはフランス語の教師をやっていた私のような人間からすると、少し変な綴りなのだ。というのも、正しいフランス語なら、exprès と綴って「エクスプレ」ないしは「エクスプレス」と読むか、あるいは女性形に変化させて expresse と綴って「エクスプレス」と読むのが正統的な綴り字法だからである。ではいったい、この express という面妖な綴りはどこから来たのだろうか？

辞書を引くと、英語の express（急行の、高速の）から来たと説明がある。たしかに、そう言われてみれば急行列車は train express だし、パリ圏を走る電車はＲＥＲ（Réseau Express Régional）だ。

しかし、こういわれても、いま一つ納得行かないものを感じる。なぜなら、エクスプレスはまちがいなくイタリアからフランスにもたらされたもので、イギリスやアメリカからではないからだ。

起源には諸説はあるものの、通説を信じれば、エスプレッソは一九四六年にイタリアのガッジアという人物が発明し、一九五〇年頃からイタリアで普及しはじめ、一九五〇年代の後半にフランスにも伝わったらしい。そうしたフランスへのエスプレッソの伝播に関して一つの証拠となっているのがミシェル・ビュトールが一九五七年に発表した『心変わり』という二人称の小説である。一九五五年頃が時代設定で、イタリアとフランスを往復している「きみ」と呼ばれる主人公はパリのリシュリュー通りのレストランに入ってスパゲッティ・ボロネーゼを注文する。しかし、出てきたのはとてもボロネーゼとはいえない代物だった。次にエスプレッソを頼む。
「コーヒーについても、店のものは微笑を浮かべながら、エスプレッソでございますと断言していたが、数分後に運ばれてきたのはフィルター・コーヒーだった。たしかに、とてもきちんとしたフィルターではあったが、きみには、フィルターからコーヒーが濾過されてその下の茶碗にいっぱいになるまで待っている気がなく、勘定を払った」（清水徹訳　岩波文庫）
フィルター・コーヒーのフランス語原語は café-filtre（カフェ・フィルトル）。コーヒー・カップの上にアルミニウム製のフィルター装置を乗せた状態で客に供する。一九五〇年代のフランスではこれがどのカフェでも普通に出てくるタイプのコーヒーで、一九五五年の時点では、『心変わり』の「きみ」が大好きなイタリアのエスプレッソはパリにはまだ伝播していなかったのだ。ちなみに、私は二〇〇〇年にベトナムのホー・チ・ミン市に旅したが、カフェで出てきたのがこのカフェ・フィルトルだった。ただし、コンデンス・ミルクが入ってベトナム・コーヒーという名になっていた。フランス植民地だったベトナムでは一九五三年のディエン・ビエン・フーの戦いを境にフランスが全面撤退したため、カフェ・フィルトルだけが化石のように残り、ドイモイで外国人が入ってくるとベトナム・コーヒーとして蘇ったのである。あれからすでに二〇年ちかくたっている。いまでもベトナムにカフェ・フィルトルはエスプレッソに駆逐されずに残っているのだろうか？
さて、脱線が続いたが、そろそろ、話を express という綴りに戻そう。カフェ・エスプレッソ caffe espresso がフランス語で café espresso とならずに、café express という英語風の綴りになったのは、すでに「急行・特急・高速」という意味の英語 express がフランス語に入っていたため、短時間抽出のエスプレッソが伝播した際、英語からの類推でこの綴りとなったものと思われる。正統語法主義者である私には違和感がある綴りだが、幸いなことに、日本語においてはフランス語のエクスプレスではなく、語源的正統性を持つイタリア語のエスプレッソが勝利した。日本人はやはり語源には厳密のようである。

「Coffee Break」（全日本コーヒー協会、２０１９年7月）

去年のモンブラン、今、何処？

今年の五月にルーヴルで開催中の「ユベール・ロベール展」を見た帰り、リヴォリ通りに立ち寄って、アンジェリーナ本店を訪れた。

じつに、三十一年ぶりの再訪である。

アンジェリーナはマルセル・プルーストのご贔屓の店で、ルーヴルで絵画鑑賞したあと、画家のエミール・ブランシュと一緒に午後の紅茶を味わったという。私も一九八五年にパリに一年間滞在したときには、プルーストにならってこのサロン・ド・テをしばしば訪れた。

というのも、アンジェリーナのモンブランにすっかり魅せられてしまったからだ。

まず、驚いたのはその大きさである。まさにアルプスの霊峰モンブランそのもののような巨大さに圧倒された。出てきたときには、これを一人で食べるのかと少し怖くなったほどだ。

次にビックリさせられたのは、その過激な甘さである。なっ、なんという甘さであろうか！　当時のフランスのスウィーツは概して甘かったが、アンジェリーナのモンブランはそんなものではなかったのである。

しかし、驚くのはまだ早かった。基底部分のメレンゲの甘さは想像を遥かに超えていたからだ。ほとんど砂糖の塊である。それをゴリゴリと突き崩して食べていくと、いつしか人間にとっての甘さの限界に到達する。

そして、もはやこれまでと感じたときにあわてて口に含む紅茶の苦さ。こちらの苦さもまた極めつきだった。というのも、これがフランス式サービスなのか、紅茶ポットには思いきりたくさん紅茶葉が入れてあったからである。ほとんどロシアのサモワールである。というように、三十一年前のアンジェリーナで出されたモンブランと紅茶は、なにごとも中庸を重んじる日本人の舌にとってははなはだ苛酷な体験であったが、しばらくたつと、過激なビター・アンド・スウィーツが懐かしくなり、再び足を運んでしまったのである。ひとことでいえば、「限界に挑戦」のビター・アンド・スウィーツにマゾヒスティックな喜びを覚え、やみつきになってしまったというわけである。

帰国後しばらくして、バブルの絶頂期に、東京のプランタン銀座にアンジェリーナが進出したというので足を運んでみた。

あのモンブランの超過激な甘さに再会できるものと思って、最初のスプーンを口に運んでおおいに落胆した。日本人の舌に合わせて甘さを控え目にしていたのである。第一、大きさもかつてアンジェリーナ本店で味わったものよりかなり小さい。東京進出に当たって、日本の規格に準じて、甘さも大きさも大幅にダウンさせたようである。また、紅茶の葉も適度のもので、あの苦さも味わうことはできなかった。

それからまた二十年たった。

もはや、フランスでも、エコロジーとダイエットの影響か、アンジェリーナのモンブランはサイズといい甘さといい日本仕様と変わらなくなっている。ヴェルサイユ宮殿のサロン・ド・テにもアンジェリーナが入っているが、ここも同じである。

しかし、リヴォリ通りの本店だけは昔のモンブランを出してくれるのではないか？

そんな淡い期待を抱いて久しぶりに本店の敷居を跨いだのだが、やんぬるかな、ここでもまた、モンブランは昔のモンブランではなくなっていた。ヴィヨンなら、「さはれ、さはれ、去年(こぞ)のモンブラン、今、何処？」と唄ったことだろう。

「TRANSIT」33号（euphoria factory、２０１６年9月）

食べ物の匂いにみる日仏の距離

パリを最初に訪れてからかれこれ三〇年近くたつが、この間に、驚くほど日仏の距離が接近したと感じるのは、食べ物の匂いである。三〇年前、日本とフランスを隔てる食べ物の匂いの径庭は、いまでは想像もつかないほどに遠かったのである。

たとえば、洋菓子の分野。

いまでは、日本を訪れたフランス人が日本のケーキを食べ、パリに行った日本人がフランスのケーキを食べても、とくに違和感を感じることはないだろう。いわんや、ショックを受けるなどということはあるはずもない。

ところが、三〇年前には、日本人もフランス人も、同じ名前で呼ばれているケーキを口にしたとたん、互いに「なっ、なんだ、これは？」という怪訝な顔をしたものだ。かく言う私が、そうだったのだから、確かなのである。

あれは、リュクサンブール公園の周囲を囲む小さな通りのケーキ屋（いまでは、フランス風にパティスリと呼んだほうがいいかもしれない）でのこと。ショーウィンドーに並べられたチョコレート・ケーキがあまりにおいしそうなので、思わず買って公園のベンチでパクリとやったところ、私の口と鼻は激しい拒絶反応を示した。

まず、口が過激な甘さに音をあげて「こんなもの、いらない！」と吐き出しそうになった。次に鼻が（正確には口蓋の匂いのセンサーが）「うっ、なんだ、なんだ、この異常にきつい匂いは！」と警戒警報を発したのである。

実際、いま思い出しても、匂いのアマルガムが蘇ってくるほどに、その時に口にしたチョコレート・ケーキの匂いは強烈なものだった。おそらく、当時の日本のそれに比べて、数倍のエッセンスが含まれていたのだろう。

この話を数年前からパリに留学している友人にしたところ、こんな返事が返ってきた。

「いや、ぼくだって、最初のうちは、こちらのケーキの甘さと匂いには辟易としたものさ。ところがだねえ、不思議なもので、フランスでの生活に馴れてくると、なんとも思わなくなるんだね。それどころか、あの甘さと匂いでないと物足りなく感じるようになるからおもしろい。伝統的なフランス料理は香辛料を使った煮込み料理が多いから、デザートには、あれくらいの甘さと匂いがないと負けてしまうんだろうな。きみだって、そのうちフランスの生活に馴れてきたら、あれでなくちゃダメと思うようになるよ」

友人の言う通りだった。ときがたつにつれ、初めは拒否反応の強かった甘さと匂いに口と鼻が「なじんで」しまい、日本に帰って、日本風のケーキを食べると、今度は逆に、「なんだ、この迫力のなさは？」と感じるようになったからである。

それから一〇年くらいたって、バブル景気が訪れた頃からだろうか、日本にも本格的なフレンチのレストランが次々に誕生するに及んで、デザートのほうも急速に変容を遂げたのは。「淡泊」な甘さと匂いになれたはずの日本人も、フランス的な濃厚なそれに驚かなくなった。さすがに、三〇年前に私が味わったほどの土俗的ともいえるフランスのケーキの甘さと匂いにはは出会わないが、この方面では日本人もかなりフランス化が進んでいると思う。

では、フランス人はどうかというと、この三〇年で淡泊化が進行していると感じる。ダイエット・ブームの影響か、砂糖の使用は相当に控えめになっているし、匂いのエッセンスもずいぶんと大人しめになっている。大袈裟にいうなら、日本のケーキはフランス化し、フランスのケーキは日本化しているのだ。

なぜだろう？　日本の食のフランス化については、先に指摘したように、バブル経済の影響による高級化のトレンドの一環と理解できる。いっぽう、フランスの食の日本化は、ヌヴェル・キュイジーヌに始まり最近のスシ・ブームに至る日本料理的な素材重視の傾向に沿ったものではないかと思われる。素材の風味を生かす方向へと、フレンチも進化しているのだ。

しかし、私は、こうした正論に加えてもう一つの仮説を提起してみたい。それは、フランスにおける食の平準化の問題である。

三〇年前、フランスの食は、われわれ日本人が想像する以上に「格差」の大きな分野だった。ミシュランで星を取るようなレストランと町の食堂では、舌の格差は日本のそれの一〇倍はあったのではないか？

三〇年前でも、ミシュラン・クラスのレストランに行けば、非常にデリケートで、微妙なハーモニーのデザートで舌を楽しませることができた。対するに、街角のレストランやパティスリにおいては、舌の感度は庶民に合わせていたから、甘いものはあくまで甘く、匂いはあくまできつくなければならなかった。庶民にはデリケートな味覚や嗅覚を楽しませるなどという贅沢は許されていなかったのである。

ところが、日本のバブルとほぼ軌を一にして起こったフレンチ・バブルで、食の贅沢化が民衆層にも広がって以来、庶民相手のパティスリに見られたあの土俗的ともいえる甘さと匂いのテイストはすっかり姿を消してしまった。おかげで、いまでは、日本人が民衆的な界隈のパティスリに入ってケーキを食べても、三〇年前の私のように激しいショックを感じることはない。

しかし、反面、失われたものがある。それはパンのおいしさである。三〇年前のフランスはケーキはまずかったが、パンは本当においしかった。だが、いまでは、ケーキがうまくなったのに対して、パンはすっかりまずくなっている。

フランスのケーキの匂いに辟易したのとちょうど反対のベクトルで、私はフランス・パンのえもいわれぬ香りに陶然となったものだ。三〇年前、あの衝撃的なチョコレート・ケーキに遭遇したパティスリの隣のパン屋で買ったバゲットの香りはいまでも忘れられない。我が生涯でかいだ最も香ばしい香りの一つに数えられるものである。

三〇年で匂いも劇的に変化するようである。

『高砂香料時報』No.160（高砂香料工業、２００７年９月）

Ⅵ

パリの美術館と万博

パリの邸宅美術館巡り

初めてパリを訪れた人ならルーヴルやオルセーなどの美術館で大満足だろうが、何度かパリに足を運んでいるうちに、もう少し毛色の変わった美術館を訪れてみたいと思うようになるに違いない。同時に、外側からパリの建物を眺めているだけではなく、内部を、それも公共建築物ではなく、個人の豪邸の中を覗いてみたいという欲求に駆られるはずだ。

そんな「パリ中級ファン」にお誂え向きなのが、パリは八区のオスマン大通り一五八番地にあるジャックマール＝アンドレ美術館。というのも、ここは十九世紀の大富豪にして大コレクターだったエドゥアール・アンドレ（一八三三〜一八九四）とその妻のネリー・ジャクマール（一八四一〜一九一二）が収集した美術品が展示されている「個人邸宅」美術館であるからだ。

収集家夫妻の夫エドゥアール・アンドレは、十八世紀にニームの繊維取引で財を成し、第二帝政期にフランス有数の大富豪となったプロテスタント系の銀行家アンドレ一族の末裔である。将校としてイタリア戦役に参加したさいイタリア美術に触れたことから熱烈な美術愛好家となり、三十歳で退役。翌年、父親のエルネスト・アンドレが亡くなり、膨大な遺産を受けつぐと、美術品の収集に後半生を当てることを決意した。私のような貧乏コレクターからするとなんとも羨ましい身分というほかない。

羨ましいのはそれだけではない。エドゥアールは将来的に自分のコレクションを展示するミュージアムを構想し、オスマン大通りに面する広大な土地を購入し、建築家のアンリ・パランに依頼して六年がかりで大豪邸を建てた。これが、今日、われわれが往時の銀行家のスケールに肝をつぶすことになるジャックマール＝アンドレ美術館にほかならない。

美術品収集とそれを収容する大邸宅ということであれば、似たようなことを試みた実業家はアンドレのほかにもいるが、その内実ということであれば、ジャックマール＝アンドレ美術館のコレクションに比肩できるものはフランスには見当たらないのである。

しかし、もしアンドレが一八八一年に女流画家ネリー・ジャックマールと結婚していなかったなら、ここまでの質が確保できたか否かは保証できない。それほどにネリー・ジャックマールの貢献は大きかったのである。

ネリー・ジャックマール（本名、コレネリア・ジャックマール）は一八四一年にパリのプルジョワの家庭に生まれ、当時としては珍しくエコール・デ・ボザール（国立美術学校）に入学を許されてレオン・コニエのアトリエで学んだ。イタリアに遊学してルネッサンス美術に開眼した後、上流階級の肖像画を多く制作するようになったが、一八七二年にエドゥアール・アンドレに招かれて肖像画を描いたさい、アンドレから結婚の申し込みを受けた。ネリーは一旦は断ったが、周囲に説得されて求婚を受け入れ、一八八一年にアンドレと結婚式をあげたのである。ただし、自分の尊敬する十八世紀の女流画家ヴィジェ゠ルブランと同じように夫の姓に改称するのではなく、ジャックマール゠アンドレと連名の苗字にすることを条件に。

この結婚により、将来の美術館のコレクションの質は格段に向上することになる。というのもディレッタントにすぎなかったアンドレに比べて、ネリーは正式な美術教育を受けたこともあってルネッサンス美術に造詣が深く、一緒にイタリア各地に買い付け旅行に出るさいにも、目利きぶりを遺憾なく発揮したからである。

二人の裕福なコレクターにとって幸いしたのは、一八六一年にリソルジメントの成功でヴィットリオ・エマニュエル二世が国家統一を成しとげたにもかかわらず、イタリアでは半世紀にわたって混乱が続き、経済が疲弊した状態にあったこと。つまり、没落した貴族たちが手放した最高の美術品が驚くような安値で手に入ったのである。このルネッサンス美術のコレクションがジャックマール゠アンドレ美術館の中核を成している。

一八九四年にアンドレが六〇歳で没すると、ネリーは子供時代を過ごしたエルムノンヴィルのシャーリ修道院の敷地を購入し、ここにコレクションの一部を移送した。一九一二年にネリーがシャーリで没すると、彼女が夫から受け継いだ膨大な財産とコレクションは遺言通りフランス学士院に寄贈され、パリのオスマン大通りとシャーリの邸宅はジャックマール゠アンドレ美術館として一九一三年から一般に公開された。

さて、前置きが長くなったが、いよいよ、ジャックマール゠アンドレ美術館の見学に移ろう。

まずアクセスだが、これは思いのほか不便。メトロ九号線のサン・フィリップ・デュ・ルール駅かミロメニル駅で降り、一〇分ほど歩いてようやくオスマン大通り一五八番地の目的の場所に達するが、大富豪の大邸宅というイメーシで探すとそれらしき建物は見当たらない。一九九〇年に最初にここを訪れたときには目だった表示がないので前を通り過ぎてしまったほどだが、一九九六年に国立美術館の管理を請け負うソシエテ・キュルチュー・レスパスという会社に経営が任されてからは、大きな看板が出るようになったし、常に特別の企画展を催しているので見間違えることはなくなった。

とはいうものの、大邸宅を転用した美術館というには入口はずいぶんと狭い。ところが、トンネルのような空間を通って広い中庭に達すると、驚くべき光景がそこに用意されているのである。白鳥が両翼を大きくひろげたプチ・トリアノン様式の大邸宅が大通りを背にしてそびえたち、見る者を圧倒する。

しかし、肝をつぶすにはまだ早い。内部の絢爛豪華さはこんなものではないからだ。というわけで、入場料を払っていよいよ美術館見学ということにあいなるのだが、しかし、その前にネットで情報を仕入れておくとなにかとお得である。というのも、ビエ・コンビネ（連結券）をサイトで予約しておくと、オペラ座見学とのセット料金二十七・四ユーロ、あるいは凱旋門とのセット料金三十一・四ユーロで、このジャックマール＝アンドレ美術館も見学できるからである。もう一つお勧めなのが、美術館見学と館内レストランでの食事がセットになったポーズ・グルマン（お好みのケーキ+ドリンクで十九・七ユーロ）あるいはランチ（キッシュ、サラダ、ケーキ、ドリンクで三十三・五ユーロ）。素晴らしい美術品を見学した後、大富豪になった気分で会食を楽しむことができる。

さて、いよいよ館内見学だが、ページ数に限りがあるので、所蔵画家のリストを掲げるにとどめておこう。すなわち、ボッティチェリ、ベルリーニ、カルパッチオ、ドナテッロ、マンテーニャ、ティエポロといったイタリア美術、シャルダン、ブーシェ、フラゴナール、ユベール＝ロベール、ヴィジェ＝ルブランといったフランス美術、それにレンブラントやヴァン＝ダイクなどのオランダ美術、いずれも粒よりの名品で、十九世紀末によくぞこれだけの傑作を集めたと感嘆を禁じえない。「豪華絢爛」という言葉をいささかの掛け値もなしで用いることのできる室内装飾を堪能したばかりか、これだけの名品を眺めることができるのだから、まさに眼福の一語である！　近年は常設展のほか、テーマを立てた展覧会（私は二〇一一年のカイユボット展を見た）を開催しているので何度も足を運ぶことになるが、それでも見飽きないゴージャスな空間とより抜きのコレクションである。

さて、ジャックマール＝アンドレをあとにして次はどこに足を向けようか？

大邸宅転用の美術館というコンセプトであれば、それは断然、ニシム・ド・カモンド美術館に止めを差す。ジャックマール＝アンドレ美術館からも近い。すなわち、オスマン大通りに戻ったら番地の若い方に溯ってテエラン通りで左に曲がり、そのまま北上するとモンソー通りに突き当たるが、その通りの反対側（六十三番地）に見えるのがニシム・ド・カモンド美術館である。

モンソー公園を借景とするこの大邸宅が建築家ルネ・セルジャンによって建設されたのは第一次大戦直前の一九一一年のこと。依頼主は、オスマン・トルコで銀行業を始めて財をなしたカモンド一族の直系の当主モイーズ・ド・カモンドである。

モイーズという名からこの人物がユダヤ系であることはすぐにわかるが、しかし、ド・カモンドという苗字はトルコ系でもユダヤ系でもなく、イタリア系貴族の姓である。ではトルコ出身のユダヤ人銀行家がいかにしてイタリア貴族の姓を名乗るに至ったのか？

十九世紀の初め、ようやく近代化の息吹が高まったオスマン・トルコでは鉄道投資が盛んになったが、その機運に乗じて銀行業で財を成したのが十八世紀にスペインから渡ってきたカモンド一族。といっても、その時点ではまだカモンド一族ではない。彼らが伯爵位を与えられ、ド・カモンドを名乗ることを許されたのは、イタリア統一戦争（リソルジメント）に際してヴィットリオ・エマニュエル二世に対して多額の資金援助を行い、その貢献の代償としてカモンドの領地を与えられて以来である。

一族のアブラム・ベオール（一八二九〜一八六六）とニシム（一八三〇〜一八八九）のカモンド兄弟が将来を見越してフランスに定住を決意したのは第二帝政末期のこと。第三共和制下で彼らの長男であるイサック（一八五一〜一九一一）とモイーズ（一八六〇〜一九三五）の従兄弟がカモンド銀行を受け継いだが、二人はやがて大変な美術品コレクターと知られるようになる。イサックの方は先見の明があったのか、モネ、セザンヌ、ドガといった印象派・後期印象派に力を入れたが、モイーズは十八世紀の家具・食器・ブロンズなどを精力的に集めた。十九世紀から二十世紀前半にかけて行われた室内インテリアの有名な競売ではモイーズが貴重なアイテムのほとんどを落札している。

こうしてモイーズ・ド・カモンドが全勢力を傾けたコレクション展示用のスペースを含

む大邸宅がモンソー公園を見晴らす敷地に完成したのは一九一四年の春のこと。カモンド一族もまたフランスも繁栄の頂点にいたのである。

だが、数カ月後、運命は暗転する。第一次大戦が勃発し、偵察機での写真撮影に志願した長男ニシム（一八九二〜一九一七）が一九一七年に空中戦で戦死したのである。

モイーズの落胆は大きかった。跡継ぎを失ったモイーズは死期の迫った一九三五年、ついに大邸宅と全コレクションを国家に寄贈することを決意し、戦死した息子にちなんで「ニシム・ド・カモンド美術館」と命名するよう遺言する。

こうして翌年の一九三六年から、ニシム・ド・カモンド美術館が国立美術館の一つとして開館したのである。

後の歴史から溯行的に顧みると、この寄贈のタイミングがカモンド・コレクションを救ったことになる。というのも、一九四〇年にフランスに侵入したナチス・ドイツはユダヤ系財閥の資産没収に乗り出したから、もし国家への寄贈がもう少し遅れていたらモイーズ・コレクションは四散していたはずなのである。

しかし、コレクションは奇跡的に救われたが、モイーズ・ド・カモンドの一族には苛酷な運命が待っていた。唯一残された跡継ぎであるベアトリス・ド・カモンドはユダヤ系作曲家のレオン・レナックと結婚し、ファニーとベルトランの二児を設けて幸せな家庭をもうけたが、一九四三年から四五年にかけてSSによって一家全員逮捕され、アウシュヴィッツの強制収容所に送られて死亡したのである。

こうした悲しい記憶を残しているにもかかわらず、ニシム・ド・カモンド美術館は訪れる者を夢見心地にする。とりわけ、マルセル・プルーストの『失われた時を求めて』の愛読者にとっては、そのインテリアやコレクションのすべてが小説の細部の絵解きとなっているような気がするにちがいない。それもそのはず、美術館の名称となっているニシム・ド・カモンドはマルセル・プルーストの友人（恋人？）の一人で、ニシムが戦死したさい、プルーストはモイーズに宛てて哀切極まりないお悔やみの手紙をおくっているのである。

コレクターであるモイーズが心掛けたのは十八世紀の大貴族の生活を忠実に再現することで、部屋の構造も十八世紀風にして、収集した家具調度が使われていたときと同じ状態になるように配置されている。日本人にとって少し馴染みは薄いが、とにかくフランス最高の逸品が揃った希有な美術館であることは確かだ。

ちなみに、モイーズの従兄弟のイサック・ド・カモンドが収集した印象派・後期印象派の傑作はこんにちオルセー美術館の目玉のコレクションとなっている。

さて、一日で回れる時間がいよいよ少なくなってきたが、あと一軒だけということであれば、少し遠いが、コニャック・ジャイ美術館を強く薦めたい。メトロのモンソー駅から二号線に乗車し、シャルル・ドゴール・エトワールで一号線に乗り換えてサン・ポールで下車すれば、エルゼヴィール通り八番地にパリ市立のこの美術館はある。

では、コニャック＝ジャイという名称はどこから来ているのか？

それは、パリの老舗デパート「サマリテーヌ」の創業者で大コレクターであったエルネスト・コニャック（一八三九〜一九二八）と夫人のマリ＝ルイーズ・ジャイ（一八三八〜一九二五）の収集品を展示してある個人コレクション美術館であるからだ。

金銀細工師の息子としてラ・ロシェル沖のサン・マルタン・ド・レー島に生まれたエルネスト・コニャックが運を試すべくパリに上ったのは一八五四年のこと。デパート「オ・ルーヴル」を皮切りに大型衣料小売店を何軒か渡り歩いた後、「ヌヴェル・エロイーズ」という店に就職したエルネストはサヴォワから上京して同店で働いていたマリ＝ルイーズ・ジャイと知り合い、将来を誓いあう仲になる。二人は、コニャックがポン・ヌフ近くのポン・ヌフ通りに「サマリテーヌ」という小さな店を開いてから三年後の一八七二年に結婚する。

マリ＝ルイーズは「ボン・マルシェ」で既製服売り場の主任をつとめていたときにデパート商法の何たるかを会得していたので、夫とともに店を経営するようになると、その才覚を発揮し、「サマリテーヌ」をパリの五大デパートの一つに押し上げることに成功する。

しかし、跡継ぎの子供に恵まれなかった夫妻は一九一七年に開店予定の「サマリテーヌ・ド・リュクス」に展示するつもりで美術品のコレクションを開始し、十八世紀のフランス・ロココ絵画や家具・食器を中心にして名品を次々に入手していった。

一九二八年、エルネスト・コニャックが世を去ると、遺言に基づき、全コレクションがパリ市に寄贈され、同じく美術館用としてパリ市に寄託されたキャプシーヌ大通り二五番地の建物に収容されて、一九二九年から夫妻の名前を連名で記したコニャック＝ジャイ美術館として一般公開されたのである。しかし、一九八八年、修復なったマレ地区のドノン館の利用法を考えていたパリ市の美術館運営組織パリ・ミュゼにより、夫妻のコレクションはこの新しい美術館に移送されることが決まり、パリ市立コニャック＝ジャイ美術館として新たに開館を迎えることになった。

この美術館は、ジャックマール＝アンドレ美術館やニシム・ド・カモンド美術館に比べると規模は大きくはないが、収集品の質に関しては決して見劣りはしない。事実、シャルダン、レンブラント、ルイスデール、ティエポロ、ヴィジェ＝ルブラン、グルーズ、ブーシェ、ワットー、フラゴナール、カンタン・ド・ラ・トゥールなどの作品はどれも粒よりの名品揃いで、夫妻の鑑識眼が素晴らしかったことを雄弁に示している。

時間があったら、いや時間がなくとも是非訪れていただきたい美術館である。また、ドノン館のあるマレ地区には、往年の大貴族の館を転用したカルナヴァレ美術館（パリの歴史に関するコレクション）、ピカソ美術館もあるので、パリ滞在の一日をマレ地区散策に費やすのも一興かもしれない。

いずれにしろ、コレクターを自認する人間ならこれら三つの個人コレクション美術館を訪問し、彼我の差に打ちのめされる必要がある。「《ドーダ、まいったか、おれのコレクションはすごいだろう》などとは誰にも言わせないぞ」という迫力のある声がどこからか聞こえてくるからだ。事実、私もこれら三館のいずれにおいても、この幻の声をしかと聞いたのである。


『kotoba』14号（集英社、２０１３年12月）

勝ちか負けか？　私の嫉妬を駆り立ててやまない一枚

　私が美術館や博物館を訪れるときの心理は、一般の人とは相当に違っているはずだ。なぜなら、常に頭にあるのは「勝ちか負けか？」ということであり、美術品の鑑賞というのとはほど遠いからである。

　では、いったい何が「勝ちか負けか？」なのかといえば、それは収集の体系性における勝負、つまり、美術館、博物館に収蔵品として集められているそれぞれのアイテム相互の関係性が優れたものであるか否かということになる。

　もちろん、私は日本という極東の島国の貧乏コレクター、それぞれのアイテムにおいては国公立の美術館、博物館にかなうわけがない。たとえば、一点で何億円、何十億円もする絵画や彫刻を私が買えるわけはないから、その意味では、いつだって「負け」である。しかし、コレクションというのは不思議なもので、コレクションの価値は、アイテムそのものよりも、アイテム相互の関係性から生ずるものなので、この関係性という一点において、貧乏コレクターが大美術館に「勝つ」ことはありうるのだ。

さて、前置きが長くなったが、こうした特殊な心理で美術館や博物館を訪れる私にとって、最大のライバルともいえるのが、パリはマレ地区にあるカルナヴァレ美術館である。書簡で有名なセヴィニエ夫人が居住していたルネッサンス様式の館であるカルナヴァレ美術館は、パリの歴史に関するありとあらゆる資料を収集した美術館なので、パリ史を専門とする私とは、至るところで収集品がバッティングするからだ。事実、パリのドゥルオー会館で開かれているオークションで、私とカルナヴァレが競り合い、私が競り勝ったにもかかわらず、カルナヴァレが「貴重美術品の海外持ちだし禁止条項」という特権を生かして、私から競りのアイテムを「強奪」したこともあるのだ。

ゆえに、私はカルナヴァレに行くたびに、嫉妬と怨嗟でいっぱいになってしまうのだが。なかでも私をジェラシーの塊にするのが、このニコラ・ラグネの「パリのノートルダム橋とシャンジュ橋の間で行われた船乗りたちの水上槍試合」（一七五六年）である（口絵⑤）。

ニコラ・ラグネの同名の絵画は、よく似た構図のものが二枚あり、いずれもカルナヴァレ美術館に収蔵されている。

背景に描かれているのは、一五〇七年から一五一二年にかけて造られたノートルダム橋。この時代の橋は、フィレンツェのポンテ・ヴェッキオと同じように橋上に五階建ての建物が両側に連なり、セーヌの視界を塞いでいたが、それがまた独特の風情をかもしだして、セーヌ名物の一つに数えられていた。

橋からこちら側に大きく突き出ているのは、ノートルダム揚水場。セーヌの水を汲み上げて、パリ市内に配水する役目を負うていた。

画面の前面には、セーヌ川の船乗りたちによるジュート（水上槍試合）に興じている姿が描かれている。このジュートというのは船の舳先に立った船頭が、タンポンを先端に付けた槍状の太い棒で、敵の船の船頭を水中に突き落とすと勝ちというルールのゲームで、中世の時代からセーヌの川開きの祭りなどのさいに演じられていた。

ゲームは、パリの各地区の対抗試合というかたちを取る一種のバトル・ロワイヤルで、なかなか激しいものだったらしいが、さすがに、この時代（十八世紀半ばのルイ十五世の治世）にはもう年中行事ではなくなっていた。

したがって、この絵にあるのは、王孫ブルゴーニュ公の誕生を祝って、特別に「復活・再現」された模擬的なジュート。

それでも、パリ各地区から選ばれた船乗りたちは真剣にゲームに取り組んでいる様子で、船から突き落とされている船頭の姿も見える。

注目すべきは、「槍」をかついだ船頭の中に女性の姿が見えることだが、この女性は恐らく、パリの中央市場（レ・アール）地区代表の女魚屋（ポワソニエール）であろう。魚屋の組合というのは、ほとんどが女性からなっていたので、船頭にも女性が選ばれたにちがいない。

ところで、問題は、なぜ、このラグネの絵画が、私の嫉妬を駆り立てやまないかということだが、それはやはり、これが油彩であり、一点ものであることに尽きる。つまり、版画であれば、時間と金さえ惜しまなければ、いずれ、私のコレクションに加わることもありうるが、油彩では、それも不可能だからである。

ラグネという画家はそれほど力量に優れた画家とは思えないが、下手な分だけ、現実の再現には心を砕いており、その点が歴史家にとってはまことにありがたいのである。

この絵でも、ノートルダム橋の建て込んだ建物の窓から、ジュートを見物している観客の顔や衣服までが細部にわたって描かれており、当時のお祭りの雰囲気をしのぶには格好の題材となっている。また、それぞれの建物のファサードにペンキで色が塗られていたこともわかっておもしろい。

橋上の建物は、空気の流れを阻害して、流行病の一因となっているという理由で撤去が検討されていたが、一七八六年に王令により撤去が決まり、ただちに実行に移された。

このときの撤去作業は、廃墟絵で有名なユベール・ロベールが、それこそ舌なめずりするように克明に描いているが、この絵もカルナヴァレに収蔵されている（口絵⑥）。

いずれにしても、カルナヴァレというのは、上から下まで、その収蔵品がいちいち私のカンに障る美術館で、行く度に不愉快になるのだが、しかし、それでも、パリに出掛けると、必ず一度は足を運ばないと、なんとなく不安になる。これこそが、コレクターの特質なのである。因果なものである。


『TITLe』4月号（文藝春秋、２００８年2月）

嫉妬で気が狂いそうになる美術館

カルナヴァレ美術館を紹介するのは、じつをいうと、私にとっておおいなる屈辱である。なぜなら、カルナヴァレ美術館は私の最大のライバルであるからだ。ライバルを称賛するのは美徳だが、その美徳にはかならずや嫉妬が含まれる。

だが、いったい、カルナヴァレはなにゆえに私のライバルと見なされなければならないのだろうか?

そうなったのは、私が三五年前にパリ関係の資料を集めようと堅く決心して以来のことである。バルザックやフロベールを研究していた私は、パリのことがわからなければ文学もわからないと気づき、パリ関係資料の収集を開始したのだが、やがて二次資料ではなく一次資料を集めなければどうしようもないと思い至った。ちなみに、一次資料というのは後代の研究ではなく、各種証言や統計、視覚資料などの同時代の歴史資料のことである。

しかし、そのうちに、ある限界に突き当たった。一点しかない資料、たとえば、油彩だとかデッサンはすでに公的な施設に収蔵されていて、私のものにならないからだ。そして、そうした公的施設の最大のものがカルナヴァレ美術館だったというわけだ。

実際、カルナヴァレ美術館にいくたびに私は十九世紀に生まれてこなかったことへの強い後悔を感じる。クソッ、一〇〇年前に生まれていたらカルナヴァレ美術館を出し抜いて、この油彩を手に入れることができたのに、しかも破格の安値で！

そう、カルナヴァレに収蔵されている一点ものの油彩やデッサンは一〇〇年前までなら、ほぼ値段がつかなかったものが多いのだ。なぜなら、美術的価値よりも歴史的価値、さらにいえば考証学的、骨董的価値が高いアイテムばかりだからである。

たとえば、十七世紀から十九世紀のパリの橋の絵画。そのほとんどはカルナヴァレ美術館に収蔵されているが、収集が始まるまではだれもその価値に気づかなかったものなのである。ということは、カルナヴァレ美術館がフランスで、いや世界で最初に、これらのアイテムに価値を見いだしたことになる。パリの歴史を再現するために、正確にいえば、具体的な視覚資料に基づいて「失われたパリ」を復元するために、オークションに出たり、骨董屋に出たりしたガラクタの中から逸品を捜し出してきたのである。

では、「パリ市歴史美術館」を正式名称とするこのカルナヴァレ美術館はいかなる経緯で誕生したかというと、皮肉にも、それはパリの歴史的建造物の多くを破壊したセーヌ県知事オスマンのイニシャティヴによるものだった。オスマンは、自分に「壊し屋（デモリスール）」という徒名がつけられているのを知ると、自分は決して歴史の破壊者ではなく、むしろその保存者であると主張するため、都市計画（当時はアンベリスマン、つまり「美化」と呼ばれた）の都合上、破壊せざるをえなかった歴史建造物から救えるものは救い、美術館に一括して収蔵することを決めた。一八六六年のことである。そして、そのための最適ロケーションとして選ばれたのが、一六世紀半ばに建築家のジャン・グジョンが建て、十七世紀に名建築家マンサールが改修したカルナヴァレ館だったのである。一般公開はオスマンの失脚などもあって延びに延び、一八八〇年になったが、それでも都市の歴史のための美術館として初期の部類に属する。

以後、パリ史に関するものなら、それこそどんなアイテムでも収蔵につとめてきたが、収集に力があったのは自らも画家であった初代館長ジョルジュ・カーンである。彼は歴史家が見向きもしなかった風俗資料の収集に全力を注ぎ、見事なコレクションをつくりあげたのである。

嫉妬で気が狂いそうになる美術館。にもかかわらず、パリに行くたびに足を運ばざるを得ない美術館。勝手にライバル視しているのは私だけだろうか？

『芸術新潮』5月号（新潮社、2014年4月）

ルーヴル美術館で味わうフランス絵画の愉しみ

ルーヴル美術館はあまりにも広大であるうえ、見るべき作品も厖大なので、どこのギャラリーのどの作品を鑑賞すべきかおおいに迷うが、私の場合はフランス屋なので、当然のことながらフランス美術のギャラリーが中心になる。

ただ、フランス美術を見ていくとき、どうしても必要になるのがフランスの歴史に関する最低限の知識である。フランス史の知識があるとないとでは、おもしろさが格段にちがってくる。

しかし、平均的日本人にとって、フランスの歴史、とりわけフランス革命以前の歴史というのはどうもピンとこないものではないだろうか？　ルイ十四世くらいならなんとかかわかっても、その前のルイ十三世、アンリ四世、さらに溯ってヴァロワ朝の諸王となると、もうお手挙げで、ほとんど区別がつかない。その結果、ルーヴルを見てまわっても、ダヴィンチ、ラファエロのイタリア美術、およびフェルメールのオランダ・フランドル美術は熱心に鑑賞するもののフランス美術のギャラリーは大急ぎ足で駆け抜けて、そのまま、対岸に渡り、オルセー美術館の印象派へと移ってしまうことになりかねない。

ところが、フランス史についての数行の豆知識だけでも頭に入っていると、素通りした絵がとたんに興味深いものに変わる。

たとえば、中世後期のギャラリーにあるジャン・フーケ（一四二〇～一四八〇？）の『シャルル七世の肖像』である。シャルル七世というのは英仏百年戦争においてジャンヌ・ダルクの助けを受けてオルレアンの包囲から解放され、イギリス軍をフランスから駆逐するのに成功した王様で、この肖像にも「勝利に輝けるフランス王シャルル七世」と記されているが、フーケの肖像から判断する限り、どうも猜疑心が強くて臆病そうな性格が窺える。実際にもその通りの王様であったらしく、その分、フーケの腕の確かさが際立っている。

では、ジャン・フーケというのはどのような画家かといえば、百年戦争の荒廃によって文化的後進国となってしまったフランスにイタリア・ルネッサンスの息吹をもたらした偉大な画家で、宮廷画家として王族の肖像を多く制作している。ルーヴルには、これらのフーケの作品が一室に展示されているから、百年戦争からルネッサンス初期にかけての歴史に登場する大物たちの肖像を見ることができる。ただ、残念なのは、シャルル七世の愛妾だったアニェス・ソレルをモデルにしたといわれる「聖母子像」がルーヴルにはなく、アントウェルペン王立美術館に収蔵されていることである。一説によると、シャルル七世は愛妾アニェス・ソレルの小ぶりで美しい乳房を自慢したいがために、イエスに授乳する聖母マリアということにしてフーケに肖像を描かせたということである。

愛妾の美しい肉体を自慢したいがために聖書やギリシャ神話に託して、全裸像を描かせるということした伝統はその後も王侯貴族の間に受け継がれていく。

その代表的な例が、フランス・マニエリスムであるフォンテーヌ・ブロー派の部屋に置かれている「ガブリエル・デストレとその妹」である。なぜ不思議かといえば、ブルボン王朝の開祖であったアンリ四世の愛妾であったガブリエル・デストレの乳首を、よく似た妹ヴィラール夫人が指先でつまんでいるという謎の仕草が描かれているからだ。この仕草に関しては、その象徴性を巡ってさまざまな解釈がなされているが、確定的なことはわかっていない。

このように、王様が愛妾のヌードをその時代の代表的な画家に描かせるというのは一つの「伝統」のようなものとなっていたが、愛妾ではなく、王妃のヌードを、しかも、王様ではなく王妃自身が注文したヌードを神話に託して描かせたというとんでもない例がある。アンリ四世の二度目の妻としてフィレンツェのメディチ家から輿入れしたマリー・ド・メディシスである。

マリー・ド・メディシスはアンリ四世が一六一〇年に暗殺された後、幼いルイ十三世の摂政として国政の舵取を任されたが、イタリアから連れてきたコンチーニ夫妻を登用しすぎたため、成長した息子のルイ十三世の恨みを買い、一六一七年に一種の宮中クーデターを起こされてしまう。すなわち、ルイ十三世はコンチーニ夫妻を殺害し、母であるマリー・ド・メディシスをブロワの城に幽閉してしまったのである。

母と息子は一六二一年に和解し、マリー・ド・メディシスはパリに戻ることを許されるが、このとき、マリーは自らの曇りなき生涯をフランドルの大画家ルーベンスに描かせることを思いつく。

こうして描かれた二四点が、ルーヴルの「マリー・ド・メディシスの間」に展示されている巨大な絵画連作である。

さすがに、マリー・ド・メディシスその人が全裸になっている絵はないが、しかし、実際には、女神たち、すなわち、豊満すぎる三段腹の肉体を波打たせながらマリーの回りを囲んでいる女神たちは、マリーその人のふくよかな肉体を反映したものである。つまり、今日の言い方なら「超デブ」だったマリーは、女神たちがスマートに描かれるのを好まず、自分の肉体が美の規範（カノン）であることを知らしめるために、女性全員を豊満に描くようルーベンスに強いたのである。あるいは、ルーベンスが事情を巧みにくみ取って、王妃の意向にそうように描いたのかもしれない。いずれにしろ、この時代には、マリー・ド・メディシスの豊満すぎる肉体が美のカノンとなっていたことは確かなのである。

ルイ十三世に続いて王位についたルイ十四世は、愛妾たちの美しいヌードの肖像を描かせるという「趣味」はなかったが、その曽孫であるルイ十五世は成長するに及んでたいへんに好色な王様となったので、「伝統」は復活することになる。

そのまぎれもない証拠が、ルーヴルのロココの間に展示されているフランソワ・ブーシェの「オダリスク」である。

ブルーのベルベットの生地に上に全裸で腹ばいになり、ぽっちゃりとしたお尻を見せ、すこし顔をこちらに曲げた愛らしい少女の絵は、トルコの後宮（ハーレム）に仕える女奴隷（オダリスク）のものということになっているが、実際は、トルコならぬヴェルサイユのルイ十五世専用のハーレムたる「鹿の園」に囲われていたルイゾンという少女のヌードである。

この「オダリスク」のモデルとなったルイゾンに関しては、カサノヴァが『回想録』に詳細を書き記している。それによると、カサノヴァは宿屋で薄汚い少女を見つけ、好奇心から全裸にさせたところ、あまりに美しい肉体をしているので、これを知り合いのドイツ人画家に描かせた。すると、その絵が回り回ってルイ十五世の目にとまり、ルイ十五世は、絵ではなくモデルを連れてこいと命じて、そのまま「鹿の園」の住人にしたということである。ルイゾンはその後、王の不興を買い、「鹿の園」を追放されたが、「オダリスク」の方は失われることなく、今日に伝えられ、われわれも、王様が愛でた愛妾の美しいヌードを鑑賞することができたというわけである。

ところで、「鹿の園」といえば、忘れてはならないのがルイ十五世の最愛の愛妾だったポンパドゥール夫人である。といっても、ポンパドゥール夫人が「鹿の園」の住人だったというのではない。ポンパドゥール夫人は、なんと、「鹿の園」の住人の選択を任されていたのだ。

ポンパドゥール夫人は、美貌、スタイル、才気、知識、性格、と、どれを取っても完璧な、欠けることなき美女で、ルイ十五世も夫人を深い愛情で愛していたが、ただ一つ、致命的な欠陥がありました。冷感症で、セックスがどうにも苦手だったのである。

そのため、ポンパドゥール夫人は、自らの肉体で王の愛を引き留めることは諦め、そちらの方面での世話は他の愛妾に任せることにした。しかし、放っておくと、とんでもない素性の、悪い女が「鹿の園」に入り込むかもしれない。それならいっそ、自分が王の好みを汲んで愛妾を選ぼうと決意したのだ。つまり、ひとことでいえば、ポンパドゥール夫人は、王のためを思って、自ら「鹿の園」の管理人を志願したのである。

こうした点を考慮にいれて、ポンパドゥール夫人の肖像を眺めると、いろいろなことが分かってくる。

たとえば、フランソワ・ブーシェの「ポンパドゥール侯爵夫人」である。この肖像画を眺めると、官能の画家だけあって、夫人の胸の白さは美しく強調されているが、しかし、より人目を引くのは、夫人の周囲に配されたさまざまな品物、すなわち、書物、地球儀、クラブサン、薔薇などだ。いいかえると、夫人のアピール・ポイントは、その知性と教養にあったことが伝わってくるようになっている。モーリス・カンタン・ド・ラ・トゥールの「ポンパドゥール侯爵夫人」も同様で、夫人が『百科全書』やモンテスキューの『法の精神』に親しみ、楽譜を解読している様子が描かれている。

このように、ルーヴルのフランス美術は、なんの予備知識がなくても、それなりに楽しむことはできるが、背景となる歴史、とりわけ宮廷の歴史を頭にいれておくと、その細部まで味わい尽くすことができるのである。

ルーヴル美術館を訪れるのだったら、高校の西洋史の教科書でかまわないから、フランス史の項目をもう一度おさらいすることをお勧めする。きっと、何倍も得したような気分になることだろう。

印象派以前の絵画においては、すべての細部が意味を持っており、鑑賞者はその含まれている「意味」を「読み取る」ことを義務づけられているのである。

『熱風』５月号（スタジオジブリ、２００８年５月）

パリ万博とアートの蜜月

万国博覧会に、油彩や彫刻といったファイン・アートの展示コーナーが設けられたのは一八五五年のパリ万博をもって嚆矢とする。一八五三年のニューヨーク博に絵画部門はあるが、万博史ではこの博覧会はあまりに規模が小さく、万博としてカウントしない。よってファイン・アートは一八五五年のパリ博が最初であるとみなしてよい。

ただ、万博史の教科書では、世界最初の万博開催という名誉をロンドンにさらわれたパリが、一八五一年のロンドン博にはなかった新機軸を打ち出そうとして、ファイン・アートの展示を決めたためと説明されているが、実際には、もう少し複雑な背景がある。

すなわち、ファイン・アート部門の設立には、パリ万博を主導したひとつの思想が働いているのである。そして、それは、日本語ではともに万博と訳されている原語の問題と直接かかわってくる。

一八五一年のロンドン博覧会の正式名称は「グレート・エグジビション・オブ・ロンドン」である。これに対して、一八五五年のパリ万博は「エクスポジシオン・ユニヴェルセル・ド・パリ」である。違いは、エグジビション（エクスポジシオン）にかかる形容詞が、グレートとユニヴェルセルと異なっているだけのように思うが、少なくともフランス側の意図として、グレートとユニヴェルセルという一単語の差異は、万博に対する観念の違い、思想の違いを表していたのである。

では、パリ万博を主催した人たちの頭の中では、なにが違うと感じられていたのだろうか？

おれたちの万博は、ロンドン万博のようにただ大規模な（グレートな）商品展示というだけのものとはわけがちがう。およそこの世に存在するすべてのモノ、とりわけ人間の手が加わっているすべてのモノを展示するという原則に基づいているから、ユニヴェルセル（普遍的）なのだ。ゆえに、ファイン・アート、つまり純粋な芸術作品であろうと、これを展示するのをなぜためらう必要があるだろうか。

これが、パリ万博を主導したフレデリック・ルプレーやミシェル・シュヴァリエの考えだったが、それは彼らが拠り所としたサン・シモンの思想から演繹されたものだった。すなわち、すべての社会は産業に基礎を置くという中心命題から出発したサン・シモンは国民の産業意識の変革には、百科全書的な事物教育が不可欠と捉えたが、ルプレーとシュヴァリエは、その考えを発展させ、事物教育の現実化たる万国博覧会には、この世に存在するすべてのもの、つまり「万有」を展示する必要があると見なしたのである。

ゆえに、ロンドン博では、商品にあらずという理由で排除されたファイン・アートを是非とも展示に加えなければならない。

こうして、一八五五年のパリ万博から、絵画を中心とするファイン・アートは展示のひとつの目玉とされ、実際に今日に伝わる名作の数々が出品された。具体的にいえば、一八五五年の万博では、官展(サロン)の代わりとして、当時の美術界の巨匠である古典派のアングルとロマン派のドラクロアがモンテーニュ大通りの美術宮の会場を二分して、それぞれ過去と現在の作品三十点余りを展示し、勢力を競い合った。ドラクロアの「トラヤヌス皇帝の慈悲」とアングルの「ホメロス礼讃」がともにグランプリを与えられた。

また、その一方では、写実派の闘士クールベが、大作の「オルナンの埋葬」と「画家のアトリエ」という大作の出展を拒否されたのに怒り、会場近くにパトロンの援助を受けてバラックを建て、ここに両作を始めとする自作四十点あまりを展示して、今日でいうところの「反博」を企てた。

このように、万博の公式会場にはその時代のメインストリームの画家の大作が展示される一方、会場外では反対勢力が「反博」を試みるという構図は、一八六七年の第二回パリ万博でも繰り返された。

すなわち、第二回の万博ではアレクサンドル・カバネルの「ヴィーナスの誕生」を始めとするアカデミー派の大作がシャン・ド・マルスの楕円形会場の一角を飾ったのに対し、会場外では、後に印象派と呼ばれるようになるバディニョール派の頭目エドゥアール・マネが独自に仮設会場を設けて「アプサンを飲む男」「アンジェリーナ」を始めとする五十点余りの自作を披露した。

一方、一八五五年の「反博」の立役者クールベはというと、今回もアルマ橋のたもとにバラックを建てて絵画一三三点を展示して心意気を示したが、万博自体への出展は拒否せず「子ヤギを抱えた村娘」など四点を出品するという中途半端な姿勢を取った。これは、図らずも、アカデミー派と新興の印象派との間に挟まれたクールベの微妙なポジションを象徴していた。

それはさておき、ここでひとつ指摘しておきたいのは、メイン会場には主流派、会場外には反対勢力という対立の構図がある種の活気を生み、万博でファイン・アートが観客の注目を集めるというこうした現象は、この一八六七年万博が最後で、これを境にして急速に下火になるということである。一八七八年以降の万博では、対立の構図自体変わらなかったものの、展示会場で、ファイン・アートそれ自体が目立たないもの、というよりも、正確には、万国博覧会という「場」にそぐわないある種の異物と化したのである。はっきり言って、万博にファイン・アートを展示するということの意義がなくなってきたのである。

これはいったい、どのような原因から来ているのだろうか？

最初は、視線の問題である。

万博は、回を重ねるにつれ、当初サン・シモン主義者たちが想定した事物教育というコンセプトを離れ、見世物化、アミューズメント・パーク化していったが、これは、万博を訪れる大衆が万博をそのようなものとして享受しようと考えたからにほかならない。ベンヤミンのいうように、民衆は教育なんかはどうでもよく、「気晴らし」しか望まなかったからである。

そのため、民衆のこうした好奇な視線を受けて、展示されるモノ自体が徐々に変化していった。つまり、モノもまた、アミューズメント・パークにふさわしいような、目立つ風貌を帯びなければ俗受けしないと自覚するに至ったのだ。

その結果生まれたのが、モノの「美術化」である。実用一点張りのモノでは、会場で観客に受けがよくないので、少しでも視線を引き付けるように外形が変化したのだ。換言すれば、モノそれ自体がファイン・アート化しはじめたのである。

そのよい例が、一八七八年万博から登場し始め、一九〇〇年万博で頂点を迎えることになるアール・ヌーヴォーである。

当初、フランスでモダンスタイルと称されたアール・ヌーヴォーは、民衆が日常的に使用するモノを洗練させることで、民衆を美術に親しませるという目的を持っていた。要するに、日常品を介した民衆の美術教育である。

具体的には、鋳鉄とガラスという可塑的素材を用いて花瓶やランプ・シェードを大量につくることにより、その可塑性の中にファイン・アートを持ち込もうという大衆的美術戦略だった。

ところが、当初、民衆に奉仕する美術という目的で始まったアール・ヌーヴォーは、じきに、制作ベクトルの方向転換を余儀なくされる。大量生産の大衆路線ではなく、少数限定生産のエリート路線への転換である。

これは、鋳鉄とガラスという中途半端な可塑性素材が、大量生産には向かず、少数限定生産でしか生きられなかったことに起因している。アール・ヌーヴォーは複製芸術ではあったが、工場生産の大量生産品にはなれなかったのである。

その結果、アール・ヌーヴォーは、新たなファイン・アートへの道を進むことになる。アール・ヌーヴォーを経ることにより、モノのファイン・アート化は完全にメインストリームとなったのである。

そうしたファイン・アート化したモノたちが万博会場を所狭しと埋め尽くしたのだから、本家本元のファイン・アートの地位が相対的に低くなるのは必然である。モノを介してファイン・アートが通俗化するに従って、いいかえれば、アール・デコラティフ（装飾芸術）が全盛になるに従って、ファイン・アートそれ自体へのありがたみも減じてしまったのである。

かくして、アール・ヌーヴォーの勝利といわれた一九〇〇年の万博では、ファイン・アート部門はほとんど注目を集めなくなる。そして、同時に、画家たちも、体制派、反体制派を問わず、万博を主たる戦場とは見なさなくなってしまう。

こうした傾向が頂点に達したもの、それが一九二五年に開催された、そのものずばりのパリ装飾芸術博覧会、いわゆるアール・デコ博である。

ここでは、出展したすべてのモノが芸術を志向しているという特徴があった。モノの素材が鋳鉄とガラスから、より可塑的なプラスチックに変わったことにより、プロダクト・デザインという思想がより鮮明になり、モノはすべてファイン・アートを目指すに至ったのである。

その結果、この装飾芸術博覧会では、ファイン・アート部門は事実上駆逐されることになる。すべてのモノがファイン・アート化した以上、ファイン・アートがファイン・アートとして会場に居座る意味がなくなってしまったのである。

では、ファイン・アートはその後、万博会場ではどのような位置を占めるようになるのか?

ファイン・アートのまま、モノと化すこと。つまり、用途を持たないオブジェとなるほかない。

この意味で、大阪万博における岡本太郎の「太陽の塔」は、万博におけるファイン・アートの行き着いたひとつの帰結だったのである。それは、有用なモノがファイン・アート化の道を極めたあげく意味を失ってエッフェル塔というオブジェとなったのと相似の軌跡を描いている。

ファイン・アートもモノも、万博においては、最終的にオブジェを目指す。これが差し当たっての結論ではなかろうか。

『幸福のかたち 愛・地球博アートプログラムドキュメントブック』(新風舎、2005年8月)

VII

パリの魅力を知る

パリの魅力を知る

旅で訪れても暮らしても楽しい

僕が最初にパリに行ったのは一九七九年です。そのときの印象は、一口では言い表せない。十九世紀の小説家、アルフォンス・ドーデも「最初にパリに行ったときの印象には独特なものがあって、あとで思い出しても追体験することなど決してできない」と書いています。パリは、他のどの町にもない特殊な印象を人に与えるわけです。

以来、パリには数えきれないほど訪れています。長く滞在したのは八四～八五年。在外研究のため、家族で約一年、暮らしました。今はずいぶん変わったと思いますが、当時は生活上、さまざまな不便を耐え忍ばなければならなかった。大変だったけど、でも面白かったですね。観光はいいけど住むとつまらないという町はよくありますが、パリはどちらもいいという不思議な町です。

今は年に二〜三回、仕事だけでなく気晴らしも兼ねて行きます。僕にとっては旅というより日常になっている。食事は大抵、ビストロです。食べる料理もパリジャンが食べているどうでもいいようなものばかり。ステック・フリット（ステーキのポテトフライ添え）とかにしんの酢漬けとかね。星付きのフレンチなんて、数えるほどしか行ったことはないですよ。

最近、よく泊まるのは、非常に有名だけど非常に安いホテル。パリのど真ん中、サンジェルマン・デ・プレにあります。ヘンリー・ミラーの時代からある「ホテル・ルイジアーヌ」というホテルで、当時からぼろ宿でした。風呂付きなんだけど鼠付き（笑）。夜中に二十日鼠が顔の上を走ったりしますから、女性にはお勧めできませんね。

パリにいると、毎日、かなりの距離を歩き回ります。土日はのみの市。骨董屋でくだらないものをいろいろ買うのが楽しい。東京では行かないような場所にも行きますよ。たとえばロンシャンやオートゥイユの競馬場。ヘミングウェイの『移動祝祭日』に競馬場に行く場面があって、それで思い立って行ってみたのが最初です。付属のレストランで食事をしながらレースを見る。馬券もその中で買えるんです。目の前にすばらしい緑が広がって、最高のロケーションですね。大きなレースがないときなら予約をしなくても入れます。

パリで特に好きな場所といえば、やっぱりパサージュかな。一昨年、『パリのパサージュ』［コロナ・ブックス］という本も出しました。ミュージアムなら、パリ市歴史博物館のカルナヴァレにはよく行きます。公園なら、リュクサンブールやチュイルリーももちろんいいけど、十九区にあるビュット・ショーモン公園が意外といい。ギニョール（人形劇）

をやっていて、子供向けだけどこれが結構面白いんです。

旅で行く場合でも、必ずしも観光スポットに行く必要はないと思います。まず、自分が泊まっているホテルのまわりを一日二日かけてしっかり歩くことです。それがどんな地区であってもいい。歩いていると、とんでもなく面白いものに出合えますから。汚いところもきれいなところも、両方がそれぞれにいい。

パリでは空間と時間が一体となっています。いたるところにタイムマシンがあって、そこここに時間が露出している。単に歴史的な町というわけではなく、行けば過去が「そこ」にあるんですよ。

パリについて教えてくれる本

何の知識がなく訪れても楽しめる町ですが、一般の人がパリについて知りたいというとき、役に立ちそうな本を紹介しましょう。

まず基本中の基本が、『パリの歴史』（イヴァン・コンボー著、文庫クセジュ）です。これはパリの全体像を知るうえで不可欠でしょう。中世の町の起源から始まり、特に十九世紀、二十世紀のパリについて詳しく知ることができる。

ガイド本でもっとも基本的なものがミシュランのパリガイドです。僕は旧版のほうが好きだけど、改訂版からはレストランのガイドも入っています。日本語版も出たけど、残念ながら今はありません。古本屋で見つけたら何としても買ってください。『ミシュラン・

グリーンガイド　パリ編』（実業之日本社）です。英語版は今でも出ているのでそちらでもいい。

パリのガイド本といえば一時代を画したのが玉村豊男さんの『パリ　旅の雑学ノート』（中公文庫）でしょう。初版が七八年で続編もあります。どうでもいいような知識が実に詳しく、しかも楽しげに書かれている。新しいタイプのガイドブックとして、その後もこの本を超えるものは出ていないと思います。

ほか、手に入りやすいものでお勧めなのが『パリ風俗史』（アンドレ・ヴァルノ著、講談社学術文庫）。建築物について知るなら『世界歴史の旅　パリ—建築と都市』（福井憲彦、稲葉宏爾編、山川出版社）が面白い。高い本で、訳文がこなれていないのも少々気になりますが、『パリ歴史地図』（ジャン＝ロベール・ピット編、木村尚三郎監訳、東京書籍）もお勧め。パリの歴史を地図で見るという本です。

パリ本の若手の書き手では、にむらじゅんこさんが素晴らしい。とにかくいろいろなことをよく知っている。現地に入り込んで内側から取材をしています。『パリで出会ったエスニック料理』（木楽舎）は、料理を介したエスニック研究になっている。ツーリスティックなパリではなく、移民や下層労働者の中から生まれてくる新しい文化を紹介していて、現在のパリを勉強するにはとてもいいと思います。

移民についての本では、『母と子でみるパリの亡命者たち』（山本耕二著、草の根出版会）もお勧めです。さまざまな国から来た人々がどのように定住してパリジャンになったか。実際にインタビューを試みたものです。

日本人のパリものだと、やはり金子光晴の代表作、『ねむれ巴里』（中公文庫）は必須でしょう。さらに、彼のように戦前にパリで暮らした日本人についてまとめた本に『パリ日本人の心象地図』（和田博文、真銅正宏ほか著、藤原書店）があります。これは「パリの日本人」の事典のような本になっている。『言語都市・パリ 1862 - 1945』も、同じ研究者グループが書いた本。この二冊で、戦前の日本人のパリ体験が網羅されています。

パリを知るための小説をひとつ挙げるなら、僕の訳書ですが、バルザックの『ペール・ゴリオ パリ物語』（藤原書店）。主人公が田舎からパリに出てきて立身出世を狙い、人間社会の厳しい掟を知るという話です。初めてパリに来た人の視点で書かれているから、読んでいて主人公に同化しやすい。バルザックのパリものの一作目で、最初に読むには最適だと思います。

僕の最近の本でいえば、『文学的パリガイド』（中公文庫）があります。二四人の文学者に名所・旧跡をからめて、文学の中に登場するパリを書きました。

日本人はなぜかパリが好きですね。思えば共同体の締め付けがきつかった国の人ほどパリに憧れた。たとえば戦前の日本人、ドイツ人、アメリカ人。パリに行くと完全な解放感に浸ったんだと思います。彼らによってさまざまな神話や伝説ができあがり、パリは外国人が作ったとも言えなくはない。パリジャン自身は、新しいことをやろうとは思わない保守的な人たちです。だからパリは「触媒都市」と言ってもいいと思う。それ自体は変わらないけど、外から来たものによって、さまざまな化合物が生まれる。もっとも、パリジャンには自国が観光立国という意識もないから、ホスピタリティはゼロ。それがまた魅力ですね（笑）。近い将来、またパリで暮らす日を楽しみにしています。

『本の時間』２月号（毎日新聞出版社、２０１０年１月）

パサージュというタイムトンネル

ノスタルジーあるいは懐かしさは思いもかけぬ場所で人を襲うものらしい。

たとえば人生で初めて訪れたパリ。しかも、いまや二流の盛り場となってしまったグラン・ブールヴァールにあるパサージュ・ジュフロワ。よもや、こんなところで懐かしさに我を忘れ、強烈なノスタルジーを感じるとは思ってみなかった。一九七九年の初秋のことである。

この突然襲ってきたノスタルジーの原因についていくら考えてもわからなかった。子供のときに、しばしば通り過ぎた日本のアーケード商店街の記憶があるからなのか？　それとも、パサージュの写真をどこかで見てその映像が頭のどこかに残っていたからなのか？　どちらも違う気がする。なぜなら、それは、明らかに「デジャ・ヴュ」の体験、つまり、実際には一度も見たことがないのに、どこかで見たことがあると感じる既視感覚だったからである。

では、なにゆえにパサージュの中で既視感覚（デジャ・ヴュ）を味わったのだろうか？

それはおそらく、パサージュというものが、未来に向かう「集団の夢」が輝いていた時代に建設されながら、その「未来」への夢がとうの昔に潰えて、とっくに「過去」になってしまった失われた未来、文法用語でいうところの「過去未来」であることから来ているのだろう。

すなわち、十九世紀の前半に、雨風にさらされることなく落ち着いて買い物ができる集合的ショッピング・センターとして作られたパサージュは、十九世紀の後半に豪華デパートが建設されるようになると早くもすたれ始めたが、それでも、日本と違って再開発されることもなく、百五十年の長きにわたって、「寂れ続けた」のである。

そのためか、テナントには、骨董品店とか古書店、あるいは古版画屋やアンチック玩具など趣味の品々を売る店が多く入居し、そこだけを目指してくるコアな客たちの熱い思いが荒廃からパサージュを救ってきたのである。

ゆえに、パサージュを訪れることは、空間の旅であると同時に時間の中への旅となる。商品がアンティークであるばかりか、店舗自体も百五十年以上も昔の繁栄の記憶を残すアンティークなのである。

いや、それだけではない。パサージュに一歩足を踏み入れたとたん、そこではもう時の流れが停止していることがわかる。パサージュ自体がタイム・トンネルなのだ。わたしたちは一挙に百五十年の隔たりを飛び越えて、十九世紀の前半に時間旅行している。そこに漂っている空気はバルザックやフロベールが呼吸していた空気そのものである。

パリのパサージュを訪れること、それは、「生きている過去」に直接触れて、「過去未来」の哀切さを味わうことなのである。

『J-B style』8・9月号（JCBトラベル、2009年7月）

わが浪費より時間軸での経済効果を考察する

正月休みにフランスに旅行して一〇〇万円以上使ってきた。

散財の対象は例によって古書なのだが、円高でユーロの一〇〇円割れということもあり、久々に非常にお得な買い物をしたという感じがして、気分がいい。

リーマン・ショック以前の超円安期（一ユーロ＝一六〇〜一七〇円）には高嶺の花だった一万ユーロ台の古書にも手が届くようになったのだから、まさに夢のような時代の到来というほかない。

ところで、フランスでこうした大きな買い物をするたびに思うのは、過去に豊かで贅沢な時代があり、華麗で豪華なモノが作られたということは、たんにその時代の人々ばかりでなく、未来の人々の懐も潤すという事実である。

私が今回大枚はたいて購入したのはアール・デコの時代の豪華挿絵本だが、これらの挿絵本は作られてから一〇〇年近くたった今日でも価値が減じるどころか、それを買い求めたいという人間がひきも切らず、遠路はるばるフランスを訪れては何百万円ときには何千万円も金を落としていくのである。たいした経済効果だと言わざるをえない。

ことは当然、挿絵本に限らない。

たとえばヴェルサイユ宮殿である。ヴェルサイユ宮殿は造営されて三五〇年近くもたつが、この三五〇年にヴェルサイユ宮殿を訪れた観光客はいったいどれくらいに上るのか、その経済効果は想像もつかないほどである。フランス人はルイ一四世が世界最高の宮殿をつくろうと思い立ったことに深く感謝すべきである。

同じようにノートルダム大聖堂の経済効果、エッフェル塔の経済効果。いや、パリという都市そのものの経済効果。フランスがヨーロッパの大国としていまだに威張っていられるのは、こうした時間軸での経済効果を生んでくれた過去の遺産のおかげなのである。

では、そうした時間軸での経済効果がなぜ生まれるのか?

一国の経済・文化が頂点に達したときにつくられたモノは、使用価値だけではなく、交換価値を有するからだ。

使用価値は時代とともに滅びるが、交換価値は未来永劫だ。

国家百年の計を言うのであれば、時間軸での経済効果を考えて、交換価値のあるモノを作らなければならない。

その交換価値とは文化の別名であり、よって未来戦略とは文化戦略にほかならないのである。


『文藝春秋NEXT』4月号（文藝春秋、2012年3月）

昔のパリ、今のパリ

画家、エッセイストとして活躍し、『美術の窓』連載『アトリエ日記』でもおなじみの野見山暁治(のみやまぎょうじ)氏は、この十二月に齢九十六歳を迎えた。現在も制作や執筆活動に追われる野見山氏が「これが最後の旅になるかもしれない」と十月に訪れたのは、自身が三十代を過ごしたパリだった。一方、フランス文学者・エッセイストであり、パリの歴史や風俗については随一の書き手として知られる鹿島茂氏。長年パリに深い愛着を寄せる二氏に、パリでの忘れがたいエピソードや、その魅力についてお話を伺った。

みんな、パリに憧れた

——野見山先生は一九二〇年のお生まれですが、パリに行かれたのは昭和二七(一九五二)年が最初ですね。

鹿島　戦後パリに行った最初の人達ですね。作家の小川国夫(おがわくにお)さんや遠藤周作(えんどうしゅうさく)さんと同時期です。

野見山　終戦になって、パリに行きたくてしょうがないわけですよ。僕は美術学校の油絵科で油絵を描いていたけれど、それまで西洋人の絵を見たことはほとんどなかった。大原美術館で何点か見ただけなんです。

鹿島　戦前に西洋の新しい絵画を見る機会というのはほとんどなかったみたいですね。

野見山　公立の美術館はひとつもなかったんです。ぼくが美術学校に入りたかった理由も、藤島武二（ふじしまたけじ）や岡田三郎助（おかださぶろうすけ）といった、西洋で学んだ人に学べる唯一の手がかりだったから。戦後、僕は戦没画学生の遺族を訪ね歩いたのですが、油絵科を出た人は例外なく、日記やスケッチブックの隅っこに「パリに行って死にたい」「乞食してでもパリに一年間いたい」と切々たる思いを書いていました。戦争が終わって日本国として認められて、すぐにでもパリに行きたいと思ったが、国のために役立つ職域以外は許可しない。当時、絵描きみたいな自由業にはパスポートが下りなかった。右往左往して、結局二年目になったときに、自費留学生の募集があってそれに応募しました。パリに着いたら、画家の金山康喜（かなやまやすき）とか田淵安一（たぶちやすかず）といった何人かは、フランスから招聘状をもらって来ていました。公式に行った絵描きとしては、いちばん最初ですね。

鹿島　戦前からパリにいて、帰らなかった人も何人かいましたね。画家の鈴木龍一（すずきりゅういち）さんや、私が伝記を書いた実業家の薩摩治郎八（さつまじろはち）も帰らなかった人たちでした。

野見山　彫刻家の高田博厚（たかたひろあつ）さんに、モンパルナスのカフェで「君、日本人？　いつ来たの」と言われたことがありました。一カ月前に来ましたと言ったら、「はあ、もう来れるようになったのか」と言って、僕の顔をつくづく見て「一カ月前まで、日本にいたんだな」と言う。自分たちは戦争中ずっと見張られていたのに、僕がのこのこと爽やかな顔をして来ているから、不思議でしょうがないんだね（笑）。「日本は震災後に変わったと言うじゃない」と言われて、僕は震災前は知らないんですけどって（笑）。そういう人が何人かいましたね。

鹿島　関東大震災は一九二三年ですが、第一次大戦が終わってすぐの一九二〇年頃に、日本人がワッと海外に出たんですよね。

野見山　しかし今になってみれば、あの人たちが話す日本語を、きちんと残しておけばよかったなと思います。明治・大正時代にパリに出てきて、それっきり変わっていない日本語だから、とても面白いんですね。つまり国木田独歩（くにきだどっぽ）や二葉亭四迷（ふたばていしめい）の小説に出てくるとおりの会話なんです。椎名其二（しいなそのじ）さんは「君、その煙草盆を取ってくれたまえ」なんて言う。文章の中では見たことがあるけれど、あのとおりに言うんだなと思いました。

鹿島　その時代は、まだ十九世紀の人はだいたい生きていましたからね。フランスは一九八五年ぐらいから急激に近代化が進みましたが、それ以前は古い街並みが残っていました。ド・ゴールの後の大統領ジョルジュ・ポンピドゥーがパリの近代化を提唱し、レ・アルを壊してフォーロム・デ・アールという巨大なショッピングセンターやモンパルナス・タワーを建てたりしました。かつてはファッション・ブティックがセーヌ川の左岸に出るなんていうことは考えられませんでしたが、その頃からブールヴァール・サンジェルマン周辺にいろいろなブランドのブティックが出てきた。そうすると土地の単価が高くなるから、古本屋や版画屋がどんどん追い出されて、街全体の雰囲気が変わっていきました。

野見山　ああいう商店街というのはいつのまにか変わっていってしまうものですね。ぼくが行っていた頃にあった版画屋も、軒並みなくなっていました。

今のフランス語がわからない？

――偶然にも、お二人ともこの十月にパリに行かれたばかりですね。

野見山　今回パリに行って、いろいろと笑われたことがありました。というのは、言葉が違うんです。考えてみたら、僕がパリで暮らしていたのは六十年ぐらい前ですから。まずカフェのギャルソンをギャルソンと呼ばないでしょう。僕がいた頃は、トイレのことを主に「ラヴァボー」（お手洗い）とも言ったんです。今、カフェでトイレをラヴァボーと言ったら、「はあ？」という顔で見る人、多いですね。あれっと思って。わかる人とわからない人がいる。いまはどこも「トワレ」になっているでしょう。

鹿島　日常会話もどんどん変わっています。僕も若い人の映画を見ても、映画の中で話されているフランス語が全然わからないんです。脚本で文字で読んでみてもわからない。それくらい、単語も全部違っているんですよ。若い人がよく使う俗語がどんどん取り入れられて日常会話になっている。渋谷のギャルが使うような用語が普通になってきているんです。だから最近は芝居を見ています。芝居だと、昔の作家が書いた作られた言葉だからわかるんです（笑）。

野見山　そうですか、安心しました。同じようなフランス語だけど、言っていることがわからない。不思議だな、これは方言なのかなと思っていました（笑）。
鹿島　特に移民の人たちが入ってくると、用語も発音も微妙に変わってきますからね。
野見山　日本でも六十年前と今では言葉が違っていますよね。ハレンチ、嘘々、信じられない。特に学園紛争のあとはかなり変わってきました。女の人は特に変わってきています。世界中で、言葉が変わっていくんだなと思います。

絵描きと物書き

野見山　絵描きが面白いと思うのは、同じ絵描きと言っても、食い方は千差万別なんですね。絵描きの場合は、まず絵だけで食っている人がいますが、ぼくなんかは半分だけ絵で食っているようなもので、あとは絵描きという看板で審査をやったり、講演をやったり、ものを書いたり。でも物書きの食い方というのは、そんなに千差万別ではないと思う。
鹿島　でも先生は本当に名文家ですね。このあいだも作家の森まゆみさんと、野見山先生はなんであんなに文がうまいんでしょうと話していました。
野見山　絵なら自分がどの程度の絵を描いているかわかるんですが、文章はただ頼まれて書いているだけだから、どの程度のものなのか自分では見当がつかないんです。だから褒められると不思議に思います。しかし、物書きというのはよほどマメじゃないとやれないですよね。

鹿島　やっぱり習慣にしないとだめですね。物書きとしてデビューしたい人にアドバイスはあるかと聞かれたら、「とにかく何でもいいから書き出せ」と言っています。絵描きさんも同じでしょうけれど、アイデアがバッと決まって何かが書けるなんてことは、すごく稀なんですよ。何か書いているうちに、言葉が言葉を呼んでいく。

野見山　しかし、それが一カ月にいくつもできるんですか。絵描きは頭カラッポにしてただ描いていればいいですけど、物書きというのはそうはいかないでしょう。

鹿島　必要に迫られてやっています（笑）。締め切りがないと書かないんですよ。

野見山　僕も締め切りがあって書いているけど、それは僕が素人だからだと思っていました。じゃあ「おれはこれを書きたい」と言ってジャンジャカ書いている物書きはいないんですか。

鹿島　そういう人もいると思いますけど、たいていの物書きは締め切りがあるから書くんです。締め切りがなかったら、ぼくは普通の大学教師のまま雑務に追われて、何もしないで終わっていたと思います。書評を書いても「よく読めますね」と言われますが、それは締め切りがあるから読むのであって、締め切りがないと読まない。本来の自分がいかにいいかげんでだらしない人間かということを自分でよく知っています。締め切りを設けてくれたということは何らかの配慮だろうから、律儀に守ろうと。

「起きてパリにいると思うと嬉しい」

――パリという街の魅力について、あらためてお二人にお聞きしたいと思います。長年パリに惹かれ続ける理由は、一体どこにあるんでしょうか？

野見山　やっぱり懐かしいんでしょうね。性に合うか合わないかは別として、ここでずっと絵を描いていたいと思いました。

鹿島　エッセイストでフランス文学者の河盛好蔵(かわもりよしぞう)さんは高齢になってもパリに行かれていましたが、寝てばかりで、どこにも出かけなかったそうです。奥さんが「あなた、パリにまで来てこんなに寝てばっかりいたんじゃしょうがないじゃないの」と言ったら、「うん、目が覚めてパリにいると思うと嬉しい」って（笑）。

野見山　僕も窓を開けて「あっ、外はパリなんだ」と思いましたよ（笑）。

鹿島　なぜパリが魅力的なのかということは色々な人が言っているんですが、アメリカの文学者のガートルード・スタインは、「パリの人間が全く外国人に無関心だから良い」と言っています。外国人だからといって特別扱いをしないで、基本的に無関心。ホスピタリティというものが全然ないでしょう。パリに来た外国人は、そのためにどうしても自分のことを考えるほかないから、パリではみんな文学者や画家になれるんだということを言っているんです。うまいことを言うなと思いました。

野見山　高田博厚さんに日本で会ったとき「君、不思議だと思わないか」と言われた。何がですかと言ったら、「パリでどうやって食ってた?」と。わからないと言ったら、「わからないだろう。わからないでずっと、毎日あれだけ仕事してただろう」と言う。「どうしてだろうな、食えないのに仕事ができたというのは」と言われてみると、確かに食えないのに仕事だけはきちんとやってましたね。あれは本当に不思議だな。

鹿島 僕は最近「家族人類学」ということをやっているんですが、日本の家族は親子が同居して、長男だけが家に残り、次男以下は家を出るという家族類型です。でもフランスは結婚後に親子が同居することはほとんどない。兄弟同士でも、長男、次男、三男に差別がなく、すごく平等意識が強いんです。その延長で、外国人であっても平等であり、差別されないという居心地のよさがある感じがします。もちろん差別がまったくないということはないですが。

野見山 僕がパリに長くずっといたいなと思うのも、居心地がいいのと同時に、生きているといったある緊張感なんでしょうね。

鹿島 戦後のジャズ・ブームでパリにやってきた黒人ミュージシャン達も、皆「なんていいところだろう」と感じたらしいです。

「家」を背負う日本、「個」としてのフランス

鹿島 日本では、「家」や「家族」というものを背負って生きているという感じがしますけれど、向こうの人間は「家」という意識はあまりなく、その代わりに「私」という意識

が強くある。その一つの原因として、フランス語では「ジュ（＝私）」という言葉を言わないと、すべて表現できないようになっている。あれが「私」を強烈に意識する人間にさせているんじゃないかと。日本語って、「私」を言わなくても通じるでしょう。「これ食べる？」「食べる」って。

野見山　あれはまごつきますね。日本語の文章のように、主語なしでずっといけるということはありえない。僕は日本に帰ってきて、ここは「私」というものがないんだなと思いましたね。集団の中の一員として動いているような感じがする。

鹿島　同じフランスでも、ボルドーやアルザスのあたりだとだいぶ違うらしいですね。パリだけが特殊なんです。画家や物書きがみんなパリに憧れるのは、家と切り離された「個」というところに憧れるからだと思います。

野見山　向こうは家族であっても一人一人。ジャコメッティもしょっちゅう同じカフェで会いましたが、自分だけで晩飯を食べていました。嫁さんとは仲良しなんですけどね。そういう生活をしている人は多いです。

フランス文化は、カフェでできている

鹿島　芸術家は一人で仕事をするけど、カフェに必ず行って仲間と話します。あれがいいですね。

野見山　カフェがあると、人との付き合いが非常にスムーズですね。会いましょうという

話になったら、「じゃ、何時にカフェで」とできるから。カフェにいる時刻がだいたい決まっていて、みんな同じようにテーブルで時間をつぶしている。通りすがりの知り合いに「やあ」と言って。

鹿島　カフェはフランスが生んだ、本当にすごい文化だと思いますよ。モンパルナスのラ・ロトンドといった有名なカフェなどは、もう観光地になってしまいましたが。

野見山　僕も行ってみたけれど、高級カフェになっていましたね。昔のようなカフェのかたちは崩れていくのかもしれない。

鹿島　ただ不思議なんですが、自己表現したい人たちというのは、新しい場所を次々に発見するんです。今また、モンマルトルが復活しています。一時期、モンマルトルにいた画家が皆モンパルナスに移ってしまい、モンマルトルは山の下あたりがポルノショップや風俗店で栄えるエリアになっていました。しかしＤＶＤやインターネットの普及でエロが個人化して廃れたために、最近はイラストレーターやＩＴ系のアーティストがたくさん住むようになり、今あのエリアはすごい賑わいです。

野見山　行ってみればよかったな。

鹿島　モンマルトルの丘の中腹ぐらいにアベスというメトロの駅がありますが、そのあたりのカフェはすごいですよ。かつての芸術家村のような雰囲気があります。

そもそもなぜカフェがフランスであんなに流行ったかというと、向こうのアパルトマンは水まわりが弱くて、食事をつくれるようにできていないからなんです。昔はロウソクの明かりしかないし、暖房もないから、寒いときにはカフェに行っていた。つまり、カフェはほとんど避難所だったんです。

野見山　それでカフェは暇がつぶせるようになってるんだ。長いときは、半日ぐらいじっとしていましたよ（笑）。それでもなんとなく飽きないんだよ。日本に帰ってきて、カフェがないというのは致命的だなと思った。会いたいときに、お互いの家に行かなきゃ会えないというのは厄介ですよ。

鹿島　日露戦争の前後に、パリのカフェに感動した劇作家の小山内薫（おさないかおる）らによって、日本でもカフェーパウリスタやカフェー・ライオンといったカフェが生まれました。でもギャルソンが給仕するというシステムが日本にはなかった。そこで仲居さんのように女の子に給仕をさせたらそこに人気が集まって、エロ的な「カフエ」に変貌してしまった。フランスのカフェと日本のカフエは全然違うものです。

野見山　日本でも江戸時代のそば屋なんていうのは、パリのカフェのような役目をしていたかもしれないですね。フランス文化はカフェでできていると言ってもいいんじゃないかな。本当にあれは最高の文化だと思う。

（二〇一六年十一月二十三日、野見山暁治氏のアトリエにて）

［野見山暁治氏は、二〇二三年六月二十二日に百二歳で死去された。合掌］

『美術の窓』1月号（生活の友社、2016年12月）

終

グランド・ツアー

もっとも贅沢な旅

以前、親しい編集者と、なにが世界で一番ゴージャスな旅行かと議論したことがある。そのとき、最高の贅沢とは、当代きっての大知識人をガイドにして世界各地を回ることだろうという点で意見が一致した。やはり、最高の知性を独占しながら旅を続け、帰国した時点で教育が終了しているというのが望み得る最も贅沢なのである。

ところで、旅行の歴史を繙いてみると、実際にこうした贅沢旅行が実践されていたことがある。十七、十八世紀のイギリスで盛んだったグランド・ツアーである。

グランド・ツアーとは、一般に理解されているように、王侯貴族の子弟がたくさんの随行を引きつれてフランスやイタリアなどを巡り、見聞を広めるだけの旅ではない。旅行の間に、超一流の学者が家庭教師として付いて教育を完了し、御曹司を国際的なジェントルマンに変身させることに意義があったのだ。

たとえば、デヴォンシャー伯ウィリアム・キャベンディシュの息子が一六一〇年からグランド・ツアーに出掛けたときに家庭教師として随行したのは、「万人の万人に対する戦い」で知られる『リヴァイアサン』の著者トーマス・ホッブスである。

同じように『国富論』のアダム・スミスも一七六四年からバックルー公爵の息子に随行し、フランスでチュルゴーやケネーなどの経済学者と会見して、自己の学問を深めている。

では、こうした超大物の家庭教師にはどれくらいの金が支給されていたかといえば、アダム・スミスの場合、グランド・ツアー中の三年間は年給三百ポンド、帰国後は終身年金三百ポンドを二十四年間にわたって支給されている。当時、従僕の年収が十ポンドくらいだから、日本の貨幣価値に換算して三百万円とすると、アダム・スミスが受け取った家庭教師代は三百ポンドだから日本円にすると九千万円。帰国後の生涯賃金はなんと八千ポンド（二十一億六千万円）に達する！

では、グランド・ツアーそのものではどれくらいの費用がかかったかというと、三年から五年かけての豪遊で、平均一万ポンド（三十億円）は消費されていた。中には一年間の予算が一万ポンドという贅沢な御曹司もいた。レスター伯爵の御曹司トーマス・コウクがそれで、御者二名、従者一名、家庭教師一名、牧師一名の合計五人が随行し、伝説に残るほどの豪遊を十年間にわたり各地で繰り広げた。

金額的には今日でも匹敵する旅をすることは不可能ではない。だが、年給一億円近くを家庭教師に払う成金がいるかどうか。これができたら、真に贅沢な旅と呼んでいいのだが。

『DEPARTURES』夏号（アメリカン・エキスプレス、２００６年６月）

あとがき

久々にパリについての文章をあつめたエッセイ集を出すことになった。

この手のコレクティッド・エッセイズは、すでに
『パリ時間旅行』（一九九三年／筑摩書房、一九九九年／中公文庫）、

『パリ・世紀末パノラマ館』（一九九六年／角川春樹事務所、二〇〇〇年／中公文庫）、

『パリ五段活用』（一九九八年／中央公論社、二〇〇三年／中公文庫）、

『上等舶来　ふらんすモノ語り』（一九九九年／文春ネスコ、二〇〇七年、『クロワッサンとベレー帽　ふらんすモノ語り』と改題されて中公文庫）

と、四冊あり、いずれも現在は中公文庫に収められているが、単行本として新たに編集するのはじつに二十五年ぶりということになる。

最初の四冊がわずか六年のあいだに出されているのと比較すると、ずいぶんと間が空いてしまった感じがするが、その原因はあげて私の整理癖のなさにある。つまり、忙しさにかまけて、エッセイの掲載誌が送られてきてもただ当該箇所に付箋を貼るだけで、コピー

もちゃんと取らず、そこらに積み上げておくというズボラさが災いして、エッセイ集をつくるという意欲が湧いてこなかったのだ。

ところが、世の中には私のような整理癖の欠如した人間もいるかと思えば、まったくその反対の人間もいるようだ。

それは、齋藤徳之（さいとうのりゆき）さんという方で、「鹿島茂教授の仕事部屋」（https://sites.google.com/view/cassimahorie/）という書誌学情報サイトを二十五年ほど前に開設し、私が書いた本、寄稿したり語ったりした雑誌・新聞の記事、あるいは出演したテレビ番組など、ありとあらゆる情報を整理し分類したうえで、「最新のニュース」「過去のニュース」「連載中情報」「連載以外情報」と大別して、詳細な書誌学的情報を作成されているのである。

私は、明治大学を定年退職した二〇二〇年四月、冒頭に記したように、予定していたパリの長期滞在もコロナ禍でなくなり、原稿依頼も途絶えて暇になったので、少しは過去の仕事を整理しようかと思い立ち、「鹿島茂教授の仕事部屋」の「連載以外情報」にアクセスしてみたのだが、そこには、自分の記憶にないような新聞・雑誌の記事が大量にあることに気づいたのだ。どんな文章を書いていたのか気になったので、書庫の奥に設けてあるストックコーナーに入って、「失われたテクスト」を文字通り「筐底（きょうてい）」から探しだし、あらためてコピーを取ったり、読み返すという作業を開始した。

自分でいうのも変だが、これが意外におもしろかった。

完全に忘れていたこともあり、まるで、もう一人の自分のテクストを読んでいるような錯覚に襲われたのである。

そして、うん、これなら、うまくまとめれば、久しぶりにコレクティッド・エッセイズが出せるかもしれないと思った。少なくともパリ関係、フランス関係はそれぞれ一冊ずつ出せるだけの分量はある。

どこから出そう？　やはり、私のパリものエッセイをたくさん文庫にしている中央公論新社がいい。

こう決断して、パリ関係とフランス関係の二分冊にファイリングした記事を中央公論新社の私の担当編集者である藤吉亮平さんにお見せしたのが二〇二一年の夏頃。藤吉さんはたいへん興味を示され、二人で構成を考えながら、さらに未発見の記事の探索を継続することとなった。しかし、その後、コロナ明けで私の仕事量がまた増えたのと、藤吉さんの激務で、単行本化はペンディングになったまま年月が経過した。

それが、昨年の末になって藤吉さんに余裕ができたということで、ようやくラフ構成の段階のゲラが上がってきたので読み返したところ、いま一つインパクトに欠けるうらみがあると感じた。コレクティッド・エッセイズは構成というものが重要である。さらに、核になるものが絶対に必要である。

しかたなく、もう一度、別のファイルに当たったところ、博報堂が本屋大賞のために発行している「ＬＯＶＥ書店！」に二〇〇六年から二〇二一年まで二六回にわたって連載した「パリの本屋さん」という記事が見つかった。そこで、これを中核にして本の構成を再考することにした。

思えば、パリの書店というのは、新刊書店、古書店に限らず、私のパリ体験の原点ともいうべきものである。すべては、パリの本屋さんから出発しているのだ。だから、他のパリ関係の記事とフィットしないはずはない。核となるものがあれば構成もうまくいくはずである。

かくて、久しぶりの私のパリ本である本書がようやくできあがったのである。

最後になったが、本書を編むにあたって行方不明になった記事を探すために国立国会図書館まで出向かれる労を惜しまれなかった藤吉さんにこの場を借りて感謝の言葉を伝えたい。また、これが存在しなければ本書も成立しえなかった書誌学的サイト「鹿島茂教授の仕事部屋」の主宰者である斎藤徳之さんにも心からの感謝をささげたい。

二〇二四年五月二十日

鹿島　茂

鹿島茂

1949（昭和24）年、横浜に生まれる。明治大学名誉教授。東京大学大学院人文科学研究科博士課程単位取得満期退学。共立女子大学教授を経て、2008年より明治大学国際日本学部教授。20年、退任。専門は、十九世紀フランスの社会生活と文学。1991年『馬車が買いたい！』でサントリー学芸賞、96年『子供より古書が大事と思いたい』で講談社エッセイ賞、99年『愛書狂』でゲスナー賞、2000年『職業別 パリ風俗』で読売文学賞、04年『成功する読書日記』で毎日書評賞を受賞。膨大な古書コレクションを有し、東京都港区に書斎スタジオ「NOEMA images STUDIO」を開設している。書評アーカイブWEBサイト「All REVIEWS」、共同書店PASSAGEをプロデュース。

パリの本屋（ほんや）さん

2024年6月25日　初版発行

著　者　鹿島（かしま）　茂（しげる）

発行者　安部順一

発行所　中央公論新社
〒100-8152　東京都千代田区大手町1-7-1
電話　販売 03-5299-1730　編集 03-5299-1740
URL https://www.chuko.co.jp/

DTP　ハンズ・ミケ
印　刷　図書印刷
製　本　大口製本印刷

Published by CHUOKORON-SHINSHA, INC.
Printed in Japan　ISBN978-4-12-005799-1 C0095